August Sperl

Pfalzgraf Philipp Ludwig von Neuburg

August Sperl

Pfalzgraf Philipp Ludwig von Neuburg

ISBN/EAN: 9783743375413

Hergestellt in Europa, USA, Kanada, Australien, Japan

Cover: Foto ©ninafisch / pixelio.de

Manufactured and distributed by brebook publishing software (www.brebook.com)

August Sperl

Pfalzgraf Philipp Ludwig von Neuburg

Pfalzgraf
Philipp Ludwig von Neuburg,

sein Sohn

Wolfgang Wilhelm

und

die Jesuiten.

Ein Bild aus dem Zeitalter der Gegenreformation.

Von

August Sperl.

Halle 1895.
Verein für Reformationsgeschichte.

Dem Andenken

meines seligen Großvaters, des Theosophen

Andreas Alexander Sperl
weiland Pfarrers in Pfofeld,
geb. 22. Nov. 1794, gest. 18. Mai 1856.

Amberg, den 22. November 1894.

D. B.

I. Der protestantische Musterstaat.

Die Gründung der jungen Pfalz.

Der niederbayerische Zweig des Hauses Wittelsbach war zu Ende des fünfzehnten Jahrhunderts dem Verdorren nahe. Herzog **Georg**, den die Zeitgenossen mit Recht den „Reichen" nannten, hatte keine männlichen Erben, und sein ganzer Besitz mußte in absehbarer Zeit an die Münchener Vettern fallen. Aber der verweichlichte, nach jeder Richtung ungezügelte Georg lebte mit dem ihm so unähnlichen Herzog Albrecht von Oberbayern, dem Hochangesehenen im Rate der deutschen Fürsten, dem Schwager und Freunde des Königs, den auch die unbestechliche Geschichtschreibung unserer Tage von neuem mit dem Beinamen des „Weisen" schmücken mußte, in bitterer Feindschaft und konnte sich nicht in den Gedanken finden, daß sein Tod dereinst dem Verhaßten so reichen Zuwachs an Land und Leuten verschaffen sollte. Deshalb vermählte er im Jahre 1499 seine Tochter Elisabeth mit dem achtzehnjährigen Sohne seines Vetters und Freundes Philipp von der Pfalz, dem energischen Pfalzgrafen Ruprecht, und setzte gegen alles Herkommen und gegen den bestimmten Wortlaut vollgültiger Verträge aus alter und neuer Zeit Tochter und Schwiegersohn zu Erben seines gesamten Besitzes ein.

Die Folgen dieses Unrechts waren vorauszusehen: die Waffen mußten zwischen Bayern und Pfalz entscheiden. Und der Krieg entbrannte auch sofort nach dem Tode des Erblassers. Wieder einmal standen Söhne des gleichen, uralten Herrschergeschlechtes in heller Zwietracht gegen einander, und wieder einmal sollten Fremde den Vorteil ziehen aus ihren Händeln.

Herzog Albrecht hatte in dem blutigen Kampfe, einer der grausamsten Fehden, von denen die bayerische Geschichte zu erzählen weiß, auf seiner Seite den König, den schwäbischen Bund, Württemberg, Hessen, Ansbach, Zweibrücken, Braunschweig, Nürnberg, Augsburg — und das gute Recht; der glänzende, freigebige, verwegene Pfalzgraf Ruprecht vor allem den unermeßlich großen Goldhort des toten Georg, dann die Zuneigung des niederbayerischen Adels, der getreulich zu seiner Else hielt und nichts wissen wollte von „Aelbel mit der leeren Tasche", und sonst so manche, die das Gold unter seine Fahnen lockte.

Aber Elsbeth und ihr Gemahl erlebten den Ausgang des Krieges nicht. Kurz nach einander starben beide. Zwei Kinder waren ihnen im Tode vorausgegangen, und zwei Knäblein standen als Erben an ihrem Grabe. Für diese zog sich der Krieg noch fort, und als er nach neunmonatlicher Dauer beendet wurde, da hatten Pfälzer und Böhmen, Bayern und Königliche aus einem der blühendsten und reichsten Kulturländer Europas eine Wüste gemacht. Und fragt man, warum sich der hochbegabte bayerische Volksstamm in der Folge von andern deutschen Stämmen überflügelt sehen mußte, so lautet die Antwort: Es ist jener unheilvolle Bruderkrieg gewesen, der die Axt an die bayerische Kultur legte, und erst in zweiter Linie haben hernachmals die Jesuiten und der dreißigjährige Religionskrieg das Werk vollendet.

Am 30. Juli 1505 erging zu Köln der „Spruch", der den Ländern vom Fichtelgebirge bis zum Zillerthal den Frieden gab. Albrecht hatte gesiegt, Niederbayern wurde endgültig mit Oberbayern vereinigt. Aber seine Bundesgenossen, Haus Habsburg, Nürnberg und Württemberg, nahmen sich große Stücke aus dem Erbe des reichen Georg vorweg, und für die Söhne Ruprechts und Elsbeths, den dreijährigen Ottheinrich und den zweijährigen Philipp, wurde aus verschiedenen Bestandteilen ein selbständiges Fürstentum geschaffen, das fortan im Gegensatze zur oberen und unteren Pfalz den Namen junge Pfalz führte und seinen Vorort in Neuburg an der Donau besaß.[1])

Pfalzgraf Philipp Ludwig.

Die junge Pfalz bildete keineswegs ein geschlossenes Land: sie zerfiel in etwa acht, durch fremder Herren Gebiete auseinander gerissene Teile, und ihre bunte Karte bot ein getreues Abbild des heiligen Römischen Reiches im kleinen. Ihre bedeutendsten Städte und Märkte waren Neuburg, Höchstädt, Lauingen, Gundelfingen, Monheim, Mindelheim, weiterhin auf dem Nordgau, in der heutigen Oberpfalz, Burglengenfeld, Hemau, Schwandorf, Regenstauf, Sulzbach, Weiden und Floß, und im heutigen Mittelfranken Hilpoltstein, Heideck und Allersberg. Ihre Erträgnisse wurden auf 24000 fl. geschätzt.[2])

Nur in einer einzigen Generation sollten die Nachkommen Ruprechts und Elsbeths über das teuer erkaufte Land herrschen. Zwölf Jahre lang regierten, als sie mündig geworden, Ottheinrich und Philipp gemeinschaftlich, dann überließ der jüngere Bruder dem älteren gegen einen Jahresgehalt die Alleinherrschaft.

Die wichtigste Regierungshandlung Ottheinrichs war die Einführung der Lehre Luthers im Jahre 1542, und der folgenschwerste Schritt seines Lebens der Anschluß an den schmalkaldischen Bund. Harte Zeiten kamen über ihn und sein Land durch den Krieg, der bald hernach zwischen dem Kaiser und dem Bunde entbrannte: Ottheinrich wurde geächtet, die junge Pfalz wurde erobert und geriet auf sechs Jahre unter kaiserliche Verwaltung, bis der Passauer Vertrag dem Verjagten die Rückkehr erlaubte. Aber durch all dieses Unglück war die Schuldenlast des ohnehin nicht haushälterischen Fürsten zu einer derartigen Höhe angewachsen, daß er sich schon im Jahre 1553 veranlaßt sah, das Fürstentum seinem Vetter und Hauptgläubiger Pfalzgrafen Wolfgang von Zweibrücken für den Fall seines Ablebens zu verschreiben.

In einem Protokolle[3]), das über die Schenkung aufgenommen wurde, nannte Ottheinrich den Grund, der ihn neben der Hauptursache zu dieser Wahl bewogen hätte: „Nicht die geringste

Ursache sei das heilige Evangelium und die göttliche Wahrheit gewesen, dazu Wolfgang allezeit geneigt erfunden worden; darum wolle er ihn hiermit freundlich und vetterlich ermahnen, die wahre reine christliche Religion nach seinem Vermögen helfen zu pflanzen und zu erhalten und davon nicht abzuweichen, alles fürstlich, treulich, sonder Gefährde."

Der Kaiser und die Fürsten des gesamten Hauses Wittelsbach erteilten in der Folge dem Geschäfte die Sanktion. Da aber die junge Pfalz eine ständische Regierung besaß, so mußten auch die Landstände in aller Form gehört werden. Und diese hatten gerade damals das größte Interesse, den künftigen Landesherrn zur Anerkennung alter und vor allem neuer, eben erst erworbener, teuer erkaufter Rechte zu veranlassen. Waren ja doch von ihnen die größten Geldopfer gebracht worden, als es galt, die Schuldenlast Ottheinrichs etwas zu mindern, und hatten sie doch von diesem als Gegenleistung die Zusage erhalten, daß er sie „in der erkannten Wahrheit des Evangeliums der Augsburger Konfession und dem Passauer Abschiede gemäß schützen und schirmen und ihre Freiheiten, Privilegien, Handvesten und bayrischen Landesgewohnheiten bestätigen und aufrecht erhalten" werde.

Deshalb mußte auch Pfalzgraf Wolfgang in einer feierlichen Urkunde vom Jahre 1555 vor allem versprechen, daß er das Land „bei der wahren christlichen Religion und apostolischen Lehre bleiben lassen, schützen und schirmen und die mit Ottheinrich der Schuldenordnung wegen abgeschlossenen Verträge der Landstände anerkennen wolle."

Erst dann genehmigten Geistliche, Ritter und Städte der jungen Pfalz die Schenkung ihres Herrn und huldigten dem Pfalzgrafen von Zweibrücken im voraus.

Seit dem Jahre 1555 verwaltete der neue Herr das Land. Nach Ottheinrichs Tode nahm er es ohne Widerspruch in Besitz.[4])

* * *

Pfalzgraf Wolfgang war ein Nachkomme des Römischen Königs Ruprecht, Kurfürsten von der Pfalz, der das Fürstentum

Zweibrücken im Jahre 1410 seinem Sohne Stephan zugewiesen hatte.

Frühzeitig wurde die Reformation im Zweibrückenschen eingeführt: schon zu Anfang des Jahres 1523 predigte dort auf Verwendung Franz von Sickingens, der am Hofe von Einfluß war, der erste evangelische Geistliche.⁵)

Pfalzgraf Ludwig, der Vater Wolfgangs, ein trinklustiger Herr, starb als kaum dreißigjähriger Mann an den Folgen seines Lasters, und der siebenjährige Wolfgang wurde unter der Leitung eines Oheims und seiner ernstgesinnten Mutter Elisabeth, einer Tochter Wilhelms des Aelteren von Hessen, aufs sorgfältigste erzogen. Während seiner Minderjährigkeit erhielt die evangelische Kirche Zweibrückens die erste Organisation.⁶)

Ueber Wolfgangs Charakter waren die Ansichten lange Zeit schwankend; im allgemeinen fällte man wohl ein zu günstiges Urteil über ihn, glaubte sogar, er wäre das Urbild eines für die eigene Person unerschütterlich festen, gegen Andersdenkende ungewöhnlich duldsamen evangelischen Christen gewesen. Die neuesten Forschungen sind hierüber zu einem andern Resultate gekommen. Er war ein Sohn seines Jahrhunderts, behaftet mit den meisten Schwächen seiner Zeit. Seiner Begeisterung für die neue Lehre hielt kluge Berechnung, schlaue, oft verschlagene Politik die Wage, seiner reichstreuen Gesinnung das Bestreben, einer Schar von zehn Kindern die Lebenswege gangbar zu machen. Seine rastlose Arbeitslust scheint sich auf seinen Sohn Philipp Ludwig vererbt zu haben, nichts jedoch ist bei diesem zu verspüren von jener Unruhe und Projektenmacherei, die den Vater Zeit seines Lebens hin und her getrieben, ihn da und dort auch des Gefühles für Recht und Unrecht, Treue und Untreue beraubt, ja sogar vorübergehend in den Dienst eines Philipp von Spanien geführt hat. Ueberblickt man aber sein vielbewegtes Leben im ganzen, seine Fürsorge für Haus und Land, bis dahin, wo er völlig bricht mit allen Mißgriffen einer verfehlten und gefährlichen Politik, wie ein feuriger Jüngling an der Spitze seiner Söldner unbekümmert um alle Folgen tief nach Frankreich hinein den schwerbedrängten Hugenotten zu Hilfe zieht und mit einem frühen Tode alles das sühnt, was er aus menschlicher Schwäche und Verblendung gefehlt haben mochte, dann wird man gern einstimmen in das günstige Endurteil des Straßburgers Sturm und in das des Kurfürsten Friedrich von der Pfalz: Jener sagte, daß die allgemeine Sache keinem deutschen Fürsten so sehr am Herzen gelegen wäre, als dem Pfalzgrafen Wolfgang ehrenvollen Andenkens, dieser aber, ehedem oft gekränkt und arg verfolgt von dem stürmischen Vetter, sprach bei der Nachricht von seinem Tode das schöne Wort „Er hat viel gethan, es wirds ihm keiner nachthun." Und so dürfen auch wir, vor deren Augen heute die meisten Wege und Irrwege seines Lebens aufgedeckt sind⁷), auf diesen selbstherrlichen und bedeutenden Wittelsbacher, den Ahnherrn des bayerischen Königshauses, den Vers aus Hamlet übertragen: „Er war ein Mann, nehmt alles nur in allem."

Pfalzgraf Wolfgang hatte ein ganz bedeutendes, wenn auch damals sehr verschuldetes Land regiert: Fünf Söhne teilten sich in das Erbe.

Philipp Ludwig bekam das Fürstentum Neuburg, und unter seiner Oberhoheit regierten, als sie zu ihren Jahren gekommen, seine Brüder **Ottheinrich** und **Friedrich** über kleine Landausschnitte, jener im uralten Grafenschloß zu Sulzbach, dieser hoch droben am Saum des Böhmerwaldes zu Bohenstrauß in der neuerbauten Burg, die noch heute seinen Namen trägt. **Johann** aber, der zweite Sohn Wolfgangs, erhielt Zweibrücken, und der jüngste, **Karl**, dessen Nachkommen heute allein noch blühen von dem einst so weitästigen Geschlechte der Wittelsbacher und die Königskrone von Bayern tragen, mußte sich mit dem Ländchen Birkenfeld begnügen.

* * *

Eine Last von Pflichten wurde mit einmal auf die Schultern des zweiundzwanzigjährigen Pfalzgrafen **Philipp Ludwig** gelegt, als der Vater im fernen Nessun die Augen schloß.⁸) Docendo discimus — frühzeitige Sorge für andere stählt die eigene Natur. Deshalb mag es ein Glück gewesen sein, daß der jugendliche Herrscher von Anfang an nicht nur auf die eigenen Wege sehen, sondern auch an seinen Brüdern, den Knaben, Vaterstelle vertreten mußte.

Philipp Ludwig hatte eine gute wissenschaftliche Erziehung genossen.⁹) Wir hören, daß er die lateinische und französische Sprache kannte ¹⁰) und namentlich jene in Schrift und Rede wohl beherrschte, und wir wissen, daß seine theologische Durchbildung eine vorzügliche gewesen ist. Die Gottesgelehrtheit wurde ja auch das Element seines ganzen Daseins.

Wolfgang von Zweibrücken hatte neben den mannigfaltigen Wandlungen seiner Politik auch eine theologische Wandlung durchgemacht: aus dem Schüler Kaspar Glasers, des Freundes Melanchthons, war allmählich unter den Wirren des Interims ein Lutheraner geworden, und zu den Fürsten, die seit dem Jahre 1562 das Fahrwasser der Melanchthonischen Theologie verließen, gehörte auch er. Der Umschwung der Gesinnung zog den Sturz des Mannes nach sich, dem nach Abgang des kalvinisch gesinnten Tremellius die Prinzenerziehung anvertraut, allem Anscheine nach mit gutem Rechte anvertraut war: Konrad Marius, wiederum ein Kalvinist, der aber als durchaus charaktervoller Mann aus seiner Ueberzeugung nie ein Hehl gemacht hatte, kam in Konflikt mit den strengluterischen neuburgischen Theologen, unterlag, wurde seines Amtes entsetzt und des Landes verwiesen.¹¹) Die junge Pfalz wurde zu einer Hochburg des Luthertums, und aus dem damals vierzehnjährigen Knaben Philipp Ludwig erwuchs ein starrer, unbeugsamer Anhänger des ersten Reformators.

Aber nicht nur zum Theologen war Philipp Ludwig herangebildet. Schon seine ersten Lehrer müssen es verstanden haben, mit dem Buchstaben den Geist des Christentums in das Kinderherz zu legen — und als hernach der Buchstabe anders lautete, da wirkte unter der neuen Form der alte Geist. Wenn Philipp Ludwigs strenge Kirchlichkeit nur der allgemeinen Zeitrichtung entspricht — seine innige Frömmigkeit, sein unabläßiges Forschen in der Schrift, das sind sicherlich die Früchte einer guten Jugendgewöhnung.

In dieser Frömmigkeit aber lagen die Wurzeln seiner starken, anziehenden Eigenart: seiner Unerschrockenheit in bösen Zeiten, seiner unbeugsamen Festigkeit, die alle irdischen Dinge nur im

Lichte des göttlichen Willens zu beurteilen gewohnt war, seiner großen Mäßigkeit in einem Zeitalter wüstester Völlerei, seiner Abneigung gegen Prunk und Glanz, seiner patriarchalischen Ehrbarkeit, seiner ernsten, aller Nichtigkeit leeren Geschwätzes abgeneigten Gesinnung, seiner Liebe zu den Brüdern, seiner Barmherzigkeit und Mildthätigkeit gegen Arme und Schwache, seiner klaglosen Geduld und nicht zuletzt seines warmen Eifers für die evangelische Sache.[12])

Philipp Ludwig hatte in früher Jugend ein gutes Stück Welt gesehen. In einem Alter von neunzehn Jahren schickte ihn Wolfgang an den Kaiserhof, und hier erhielt der Prinz Einblick in das große Räderwerk der Reichsregierung ehe er noch in die Kanzlei des Vaters eingeführt war. Als aber um dieselbe Zeit ein Feldzug gegen die Türken ins Werk gesetzt wurde, fuhr Philipp Ludwig mit dem Vater und dreihundert Reitern donauabwärts in den ersten und zugleich auch letzten Krieg seines Lebens und lag im Heere des Kaisers einige Wochen auf ungarischem Boden im Felde gegen den „Erbfeind christlichen Namens". —

Zeit seines Lebens ist Philipp Ludwig — wie sich das eigentlich bei einem solchen Manne von selbst versteht — ein ganz außerordentlicher Arbeiter gewesen. Und die Frucht seines beharrlichen Fleißes war ein in jeder Hinsicht musterhaft geordneter Staatshaushalt.

Ueberblickt man die äußere Politik des Pfalzgrafen, so tritt er uns als ein zwar durchaus nicht genialer, aber sehr begabter, wohlmeinender, geradsinniger und vorzüglich kaisertreuer Mann, als ein ungemein vorsichtiger, langsam überlegender und bedächtig handelnder, aber als ein Mann von absoluter Verläßlichkeit entgegen, den der Reichshofrat Ulm im Jahre 1603 geradezu unter die „treuherzigsten" Fürsten des Reiches rechnen zu müssen glaubte.[13]) Niemals war er zu einem leichtsinnigen Schritt ins Dunkle zu bewegen und stets zeigte er sich als einen Feind leerer Versprechungen; Pflichten aber, die er übernommen hatte, erfüllte er auch mit der ganzen Ehrlichkeit seines Wesens. Man hat seiner Politik einmal den Vorwurf beschränkten Eigennutzes gemacht.[14]) Mit Unrecht, wie mich dünken will! Freilich ist ja die Grenzlinie zwischen Sparsamkeit und Kargheit eine sehr feine, und Philipp Ludwig war je und je ein sparsamer Hausvater nach außen wie im eigenen Lande — „der Baulust fröhnen und viele Leute füttern, das führt geradenwegs in Bälde zur Armut", bemerkte er einst an den Rand eines Aktenstückes — aber geizig war er nicht; das kann aus vielen kleinen Zügen bewiesen werden.

In seinem Lande bekümmerte er sich um alles und jedes, „damit es allenthalben recht zuginge und die Wage der Gerechtigkeit mit Hintansetzung aller Privat-Affekten und Parteilichkeit gleich gehalten werde." 15) Ein vortreffliches Gedächtnis unterstützte seinen nie erlahmenden Eifer. „Soviel haben J. F. G. in der Zeit dero Regierung mit eigener Hand geschrieben, daß es alle, welche wissen und bedenken, was sie daneben expediert, für unmöglich halten möchten", urteilt Jakob Heilbrunner in der ergreifenden Leichenrede am Sarge Philipp Ludwigs. Der Historiker aber begegnet heute noch auf jedem Schritte in den Archiven den Spuren seiner Arbeit und erkennt, daß diese Worte keine leere Lobrede waren.

Bei aller Sparsamkeit und bei allem Ernste war der Pfalzgraf durchaus kein griesgrämiger Mensch: Obwohl er sich bei Tische in der Regel mit Lesen beschäftigte, auch dann und wann gelehrte Leute geistlichen und weltlichen Standes zu seiner einfachen Tafel zog und dabei mit kurzen, treffenden Worten das Gespräch immer auf einer gewissen Höhe zu halten wußte, sah er doch bei Gelegenheit gerne fröhliche Menschen um sich und hatte seine Freude daran, wenn man sich gütlich that bei wohlgefüllten Schüsseln und Bechern. Für seine Person hielt er sich an Hausmannskost, und über seine Mäßigkeit im Trinken verwunderte sich männiglich.

Freilich konnte der Mann, der so strenge gegen sich selbst war, auch schroff gegen andere sein. Er hielt stramme Hauszucht; der ganze Hofstaat mußte Sonntags dem Gottesdienste beiwohnen — gar oft wurde kein Teller aufgelegt für solche, die hinter die Kirche gegangen waren. Dabei war aber seine Hofhaltung durchaus keine karge, und mit großer Barmherzigkeit sorgte der Pfalzgraf für den Unterhalt der Witwen und Waisen seiner Diener. Solange es anging, ließ er immer im siebenten Jahre völlige Steuerfreiheit verkünbigen; nur schwer brachte er es über sich, ein Todesurteil zu unterzeichnen. Von seinen Beamten verlangte er Hingabe an die Arbeit — wo er Unfleiß und Nachlässigkeit entdeckte, griff er burch; aber sein Eifer war „mehr ein eifriges Mißfallen ob bem Unrechten" — sagt Heilbrunner — „als Zorn"; im Grunde seines Wesens war er gedulbig, und nie pflegte er ein Vergehen nachzutragen.

In allem war sein Sinn aufs Einfache eingerichtet. Prächtige Gewänder, Gold, Silber und eble Gesteine verschmähte er. Auch bei großen Festen war seine imposante Gestalt, eine ächte Wittelsbacher Herrschergestalt, in schmuckloses Schwarz gekleibet.

Alljährlich pflegte er die Bibel vom Anfang bis zum Ende durchzulesen, und keine Reise, kein noch so wichtiges Geschäft konnte ihn baran hindern, den bestimmten Abschnitt Morgens und Abends mit lauter Stimme zu absolvieren. Seine Bibelkenntnis war aber auch so bedeutend, daß ihr selbst ein Theologe wie Jakob Heilbrunner seine Bewunderung zollte.

Große, für jene Zeit auffallende äußere Ehrerbietung erwies er dem geistlichen Stande. Eine stattliche Anzahl neuburgischer und fremder Kirchendiener begabte er je nach Gelegenheit mit Wappen, sah er auf Reisen unter dem grüßenben Volk am Wege einen Geistlichen stehen, dann entblößte auch er das Haupt.

Duldsam gegen Andersgläubige war er nicht, das lag nicht in seiner Zeit und auch nicht in seinem Wesen. Aber es ist nichts bekannt, daß er gegen Andersgläubige hartherzig gewesen wäre.

Ohne Rücksicht auf Ort und Persönlichkeiten schloß er sich auf Reisen von katholischen oder kalvinischen Gottesdiensten aus. Er brachte seinem starren Bekenntnisse aber auch ohne Zögern empfindliche Opfer: Als Friedrich IV. von der Pfalz im Jahr 1601 sein Testament vorbereitete, unterlag es keinem Zweifel, daß Philipp Ludwig als nächster Agnat das erste Anrecht auf die Administration der pfälzischen Kurwürbe und dadurch auch auf eine eventuell eintretende Reichsverwesung am Rhein, in Schwaben und Franken besaß. Aber der Kurfürst schloß ihn mit Genehmigung des Kaisers gegen den klaren Wortlaut der golbenen Bulle aus und bestimmte Johann II. von Zweibrücken zu dieser Würde — weil sich Philipp Ludwig aus Gewissensbedenken weigerte, ihm die kalvinische Erziehung des Kurprinzen und den pfälzischen Landen das kalvinische Bekenntnis zu garantieren.[16] Und wie verhielt sich der Pfalzgraf darinnen?" fragt Heilbrunner in seiner Leichenrede. „Nicht ein ungeduldig Wort hätte man von Ihrer Fürstlichen Gnaden jemals vernehmen können. Sie haben dabei gethan, was sie haben thun können und sollen, das Uebrige dem lieben Gott mit großer Geduld befohlen. Mancher hätte gescholten, geflucht, seinen Widerwärtigen alles Arge gewünscht, auf Rache gedacht, Freund und Feind angerufen, eine große Unruhe hierüber im ganzen Reich erweckt, Land und Leute in Gefahr gesetzt. Dergleichen ist von Ihrer Fürstlichen Gnaden das Geringste nicht vermerkt worden".

Philipp Ludwig von Neuburg steht in der Geschichte da als ein vollkommen durchsichtiger Charakter, als ein Mann von wohlthuender Lauterkeit der Gesinnung, als ein deutscher Fürst, wie er nur auf dem Boden der Reformation in solcher Eigenart erwachsen konnte. Sein Wahlspruch lautete: Christus meum asylum — Christus ist meine Zuflucht, und dieses Wort war keine Phrase. Der sein Leben auf diesen Felsen gegründet zu haben bekannte, zeigt in der That den Typus eines vom Evangelium Christi bis ins Mark seines Wesens getroffenen und geläuterten Menschen.

Nichts von dem, was der Hofprediger Jakob Heilbrunner einst am Sarge des Fürsten in ergreifender, geistvoller Gedächtnisrede gesprochen und der Nachwelt durch den Druck überliefert hat, konnte durch die strenge Forschung der letzten Jahrzehnte entkräftet werden. Freunde und Feinde waren zu Lebzeiten Philipp Ludwigs niemals im unklaren über seinen Wert, und auch wir Spätgeborenen dürfen mit Fug und Recht von diesem im Rate seiner Standes- und Glaubensgenossen so Hochangesehenen sagen: Er war ein ganzer Mann.

Das neuburgische Kirchenregiment.

Die junge Pfalz bietet unter Philipp Ludwig das Bild eines durchaus auf evangelischer Grundlage ruhenden Staatswesens, und gleich dem Vater Wolfgang ist der Sohn durchdrungen vom starken Gefühle eines göttlichen Auftrages. „Zur Exekution in allen Geboten hat Gott der weltlichen Obrigkeit Macht, Güter und Waffen gegeben und gebeut den Unterthanen Gehorsam zu Erhaltung Zucht und Friedens. Und ist Gott selb der oberst Feldhauptmann und Schutzherr, braucht aber treue Regenten als sein Werkzeug. Denn er will also das menschlich Geschlecht nicht ohne Mittel, sondern auch durch unsere Arbeit regieren, daß wir ihn auch erkennen lernen und ihm dienen". So sagt die erneute Kirchenordnung vom Jahre 1570 und nennt das weltliche Regierant eine große Last, die jedoch zum hohen Gottesdienst werde, wenn das Herz dabei den rechten Glauben habe und seinen Dienst zu Gottes Ehre richte.[17])

Dabei betont sie aber, daß eine scharfe Grenzlinie laufe zwischen weltlichem und kirchlichem Regimente, und ermahnt, „die Kirchendiener sollen sich in der weltlichen Obrigkeit Amt mit nichten eindringen, die Amtleute dagegen diese Bescheidenheit halten, daß sie den Predigern und Kirchendienern ihr Amt nicht sperren oder in dasselbig unbilligen Eintrag thun, damit gottseliger Unterscheid des geistlichen und weltlichen Regiments beiderseits christlich erhalten werde."

So steht neben den menschlichen Satzungen des Staates das auf der heiligen Schrift ruhende, aus göttlichem Gesetz und Evangelium geschöpfte Gesetzbuch der kirchlichen Obrigkeit, die Kirchenordnung.

Schon im Jahre 1542 hatte Ottheinrich seinen Ländern eine Kirchenordnung gegeben. Als Wolfgang die junge Pfalz bekam, führte er die seit 1556 im Lande Zweibrücken wirkende ein, die Philipp Melanchthon und Johann Brenz durchgesehen hatten, und im Jahre 1570 erneuerten seine Söhne diese Ordnung, Johann für Zweibrücken, Philipp Ludwig für die junge Pfalz.

Vorbilder für die Wolfgangische, auf Luthers Lehre ruhende und vom Geiste Melanchthons berührte Kirchenordnung waren die kurz vorher in Kraft getretenen Ordnungen von Württemberg und Mecklenburg, und ihrerseits hat jene wieder direkten Einfluß auf die kirchliche Verfassung von Nassau-Saarbrücken, Nassau-Idstein, Königstein-Stolberg, Jülich-Berg und Oesterreich gehabt.¹⁸) Gleich den völkerbefreienden Stadtrechten des Mittelalters können auch die völkerveredelnden Kirchenordnungen der Reformationszeit in mehr oder minder nahe verwandte Gruppen und Familien eingeteilt werden.

Was aber der Zweck einer Kirchenordnung gewesen ist, das läßt sich in kurzen Worten aus der Vorrede zur Kirchenordnung Wolfgangs zusammenfassen: Sie sollte begründen die Predigt des reinen Evangeliums, sie sollte verbreiten die Erkenntnis Christi und seiner Wohlthaten, Anleitung geben zur rechten Anrufung und zum rechten Lobpreis Gottes, die Menschen durch gute Kirchenzucht sammeln in die ewige Kirche, führen aus dem vergänglichen Wesen dieser Welt in die ewige Heimat.

Deshalb gab auch die Kirchenordnung dem Leben des Einzelnen, der Bethätigung seines Christentums, Regel und Richtschnur von der Wiege bis zum Totenbette, und wie der Geistliche an jener ersten und an dieser letzten Station seines Amtes waltete, so war er der Führer des Volkes auf dessen ganzer irdischer Wallfahrt.

Es ist hier nicht meine Aufgabe, einen Gang durch die sämtlichen Artikel der Kirchenordnung zu machen, die in einem Zeitraum von siebenundfünfzig Jahren Pfalz-Neuburg dem Ideale eines protestantischen Musterstaates nahe gebracht hat, nicht meine Sache, das in den Abschnitten „von der Lehre" und vom „Examen" niedergelegte Fundament des Ganzen, das Bekenntnis, näher zu prüfen, noch auch über die im Neuburgischen übliche Anordnung der gewöhnlichen Gottesdienste und der Kasualien zu berichten. Ich möchte lediglich zeigen, in welcher Weise man es versuchte, an der Hand dieser guten Ordnung Einfluß zu gewinnen auf Lebensführung und Gesinnung aller Unterthanen vom Kinde angefangen bis hinauf zum Greise — in einer unseren Anschauungen von der bürgerlichen Freiheit des Individuums, ja auch der Gewissensfreiheit des Christen allerdings fremden, aber in einer gewiß vollkommen lauteren und treuherzigen, durchaus nicht unevangelischen Weise.

Als Spitze des gesamten Kirchenregiments tritt uns der Kirchenrat zu Neuburg entgegen, eine aus Theologen und Juristen zusammengesetzte Körperschaft, und in seinen Händen lag die letzte Entscheidung über Lehrstreitigkeiten, ihm kam es zu, Urteile zu fällen über grobe Versündigungen, Recht zu sprechen in Ehesachen — die äußersten Organe dieser Behörde aber waren neben und unter der Geistlichkeit vornehmlich die in jeder Stadt, in jedem noch so kleinen Pfarrdorfe aufgestellten Vertrauensmänner, die Censoren.[10])

Dieses Censoren-Kollegium bestand allerorten aus fünf bis sechs der ehrbarsten Gemeindeglieder, wurde von der Gesamtheit der Gemeinde gewählt und war mit der hohen Aufgabe betraut, „auf Zucht und Ehrbarkeit des gemeinen Volkes, von Mannen und Frauen, Alten und Jungen ein fleißig getreu Aufsehens zu haben." Es lag also diesen Stützen der kirchlichen Ordnung ob, in öffentlichster Weise für den christlichen Lebenswandel des Volkes zu sorgen und all dem entgegenzutreten, was sich seiner Natur nach dem Arme der weltlichen Obrigkeit entzog — säumigem Kirchenbesuch, Fluchen und Gotteslästern, Aberglauben in jeglicher Form, gewohnheitsmäßiger Völlerei, Ehebruch und Unzucht, Ehrabschneiderei, Wucher, schlechter Kindererziehung.

War es nun ortskundig oder durch Zeugen nachzuweisen, daß ein Glied der Gemeinde nach der genannten Richtung in Sünden lebe, so hatte der Pfarrer dasselbe in Gegenwart der Censoren freundlich zur Bekehrung zu vermahnen. Gelobte die Person Besserung, dann mußte sie selbstverständlich in erster Linie das Aergernis abstellen; erst danach konnte sie zur Beichte und Kommunion zugelassen werden. War dagegen offener Trotz vorhanden oder nach scheinbarer Unterwerfung keine Besserung zu verspüren, dann mußte die Vorladung zum zweiten und zum drittenmale erfolgen. War dies fruchtlos, so wurde Anzeige zum Kirchenrat gemacht, und dieser verfügte nach Lage des Falles die Ausschließung von der Gemeinschaft der heiligen Sacramente.

Das Urteil wurde der Gemeinde von der Kanzel herab verkündet, und der Gebannte konnte fortan weder als Pathe noch als Trauzeuge aufgestellt werden; starb er in seinen Sünden, dann wurde er ohne kirchliche Ehren begraben.

Dabei war dem Pfarrer und den Vertrauensmännern der Gemeinde strenge Gerechtigkeit zur heiligen Pflicht gemacht.

Unterwarf sich der Ausgeschlossene am Ende doch, so sollte ihm die nachgesuchte Verzeihung und die Zulassung zu einer Privatbeichte gewährt, die Absolution in Gegenwart der Censoren in der Sakristei erteilt werden.

Von der Aufsicht der Censoren konnte sich niemand ausschließen, weß Standes er auch sein mochte, vom Patronatsherrn und Beamten bis zum letzten Knechte herunter. Der Pfarrer mußte den Sechsen Red und Antwort stehen und sich gegebenen Falles von ihnen zurecht weisen lassen, verfehlte sich aber einer der Censoren selbst, so walteten Pfarrer und Mitcensoren ihres Amtes an ihm. Ja sogar auf die Brüder des Landesherren und ihre Höfe erstreckte sich die Macht des Kirchenregimentes: auch diese waren durch die regelmäßigen Visitationen der Superintendenten einer strengen Kontrolle ausgesetzt.

Neunzehn Punkte umfaßte die Visitation, die unter Philipp Ludwig alle Jahre abgehalten wurde, und gerade in diesen Visitationen lag der Schwerpunkt des ganzen Kirchenregiments, sie waren es, die zwischen einem treubesorgten Fürsten, einer vom besten Willen beseelten geistlichen Obrigkeit und der Gesamtheit des Volkes gute, segensreiche Beziehungen unterhielten und bewirkten, daß die Gesetze der Kirchenordnung lebenskräftig blieben, nicht zu unfruchtbaren Formeln erstarrten.

„Des Hausvaters Augen und Fußtritt machen den Acker fett, also sagt das alte Sprichwort zur Erinnerung, daß in aller Regierung nötig ist, daß die Personen, welchen fürnehmlich die Regierung befohlen ist, selbst fleißig aufsehen und merken sollen, wie man Haus hält", das war der Grundsatz, nach dem man hier verfuhr.

Zweimal im Jahre, am Sonntag nach Ostern und am Tage Michaelis, ermahnte der Pfarrer die Gemeinde, sie solle sich nun rüsten zur Visitation; jeden Einzelnen gehe sie an, alle seien schuldig, ein jeder nach seinem Stande, dabei Hilfe zu leisten zur Erhaltung christlicher Lehre und Zucht.

Kam nun der Visitator, der Superintendent der Diöcese, den oft noch ein fürstlicher Rat, der Gutsherr oder der Pfleger begleitete, im Orte an, so hatte der Geistliche vor ihm und der Gemeinde eine Predigt zu halten.

Sodann schritt man zur Prüfung des Pfarrers, ließ sich berichten, was er im abgelaufenen Jahre studiert, wie er seine Predigten abgefaßt habe. Alle Predigten mußten konzipiert und memoriert werden, alljährlich war — seltsamer Weise — die ganze Bibel durchzulesen und (seit 1587) je ein Buch des alten und des neuen Testaments auf Grund bewährter Kommentare schriftlich zu erklären.

Im weiteren Verlaufe der Visitation wurden die Censoren gefragt, ob der Geistliche die reine Lehre verkündige, sein Amt nach allen Richtungen ordentlich versehe und einen würdigen Lebenswandel führe.

Nächstdem wandte man sich an Pastor und Censoren und fragte, ob Ehebrecher, Unzüchtige, Zauberer, Abgöttische, Gotteslästerer, Sakraments-Verächter, Sektierer, Wucherer, Feinde des Geistlichen vorhanden wären, wie es um die Ehen und um die Kinderzucht stünde, u. a. mehr.

Ein Hauptgegenstand der Visitation aber war in Stadt und Dorf die Schule.

Schon im Jahre 1558 hatte Pfalzgraf Wolfgang einer besonderen Kommission u. a. den Befehl erteilt, Vorschläge für die Einrichtung und Hebung des Schulwesens in den Fürstentümern Zweibrücken und Neuburg auszuarbeiten. Auf Grund ihres Gutachtens wurde damals angeordnet, es solle in jedem größeren Dorfe eine deutsche Schule, in jeder von den vier Oberamtsstädten des Fürstentums Zweibrücken eine Trivial- oder Lateinschule, für dieses Fürstentum endlich ein Gymnasium nach dem Vorbilde des Straßburger Kollegiums in Hornbach, für die junge Pfalz eines in Lauingen errichtet werden.[20])

Das Gymnasium illustre zu Lauingen und eine mit demselben verbundene Bibliothek hatte sich hernachmals der ganz besonderen Gunst Philipp Ludwigs zu erfreuen. Es war im

Jahre 1561 in einem ehemaligen Nonnenkloster eröffnet und mit eingezogenen Klostergütern dotiert worden. Johannes Sturm, der berühmte Straßburger Rektor, hatte mit eigener Hand den Grundplan des Unterrichts entworfen, und viele Schüler dieser bedeutenden Anstalt sind unter Philipp Ludwig aus ihr direkt ins Pfarr- oder Schulamt getreten. Umfaßte ja doch ihr Lehrprogramm die lateinische, griechische, hebräische Sprache, die Sittenlehre, Arithmetik, Musik und Geschichte, und für die reifsten Zöglinge bestanden Vorlesungen über Theologie, Physik und Rechtswissenschaft. Alljährlich wurde die wichtige Anstalt visitiert, gar oft ließ sich der Pfalzgraf die Prüfungsarbeiten der Schüler in Vorlage bringen, und zu großer Freude gereichte es ihm jedesmal, wenn er gute Nachrichten erhielt über dieses „seminarium ecclesiae et reipublicae". Jahraus jahrein wurden in Lauingen fünfzig Stipendiaten unentgeltlich unterhalten und unterrichtet, und zudem studierten auf Kosten des Fürsten fortwährend zehn Landeskinder an auswärtigen Universitäten.[21])

Neben diesem Mittelpunkte des jungpfälzischen Schulwesens, den Philipp Ludwig übrigens mit der Zeit zu einer wirklichen Universität erheben wollte, finden wir in allen neuburgischen Städten und Märkten Trivial- oder Lateinschulen, die unstreitig nicht nur als Pflanzstätten einer Gelehrtenbildung, sondern vor allem auch als Bürgerschulen großen Einfluß auf die Bildung weiter Volksschichten ausgeübt haben.

Daß aber die schönen Visitationsvorschriften keineswegs bloß in dem gedruckten Folianten der pfalzneuburgischen Kirchenordnung standen, sondern fleißig und gewissenhaft gehandhabt wurden, dafür bürgt uns eine lange Reihe dickleibiger, kalligraphisch abgefaßter Protokolle, die sich bis auf unsere Tage erhalten haben. Besäßen wir diese Protokolle nicht — und wie leicht hätte sie jesuitischer Eifer hernachmals vernichten können — dann wäre unsere Kenntnis vom wahren Stande jener Dinge eine sehr bescheidene, mangelhafte. So aber ist es uns heute, nach dreihundert Jahren, noch möglich, ein ungeschminktes, vier bis fünf Jahrzehnte umfassendes Kulturbild von jeder Stadt, von jedem Dörflein der evangelischen jungen Pfalz herzustellen, und aus dieser Fülle von Einzelbildern tritt uns klar und deutlich die Gesamtheit eines durch und durch evangelischen Volkes entgegen, das auch vor den kritischen Augen des Historikers mit Ehren besteht.

Das Verhängnis der Reformation, das böse Unkraut in der gedeihlichen Entwickelung so mancher jungen evangelischen Kirche ist die Uneinigkeit gewesen, der Kampf zwischen Luthertum und Kalvinismus. Das zeigt sich in voller Schärfe, wenn wir mit dem wohlgeordneten, geradezu musterhaften Kirchenwesen der jungen Pfalz, dem Lebenswerke Philipp Ludwigs, die zum Teil sehr unerquicklichen Zustände vergleichen, die sich in den Visitationsprotokollen der benachbarten, von einem Bekenntnisse zum andern getriebenen kurfürstlichen Oberpfalz spiegeln; denn hier bietet sich der römischen Geschichtschreibung in der That mancher Stoff, der ihrer Lehre von dem in sich zwieträchtigen lutherischen Satanswerke [21]) scheinbare Stützen zu geben vermöchte. Aber in den Visitationsprotokollen des jungpfälzischen Staates, der sich seit den Tagen Ottheinrichs und Wolfgangs bis kurz vor den großen Krieg, zum Teile sogar bis tief in diese böse Zeit hinein, einzig und allein auf evangelisch-lutherischer Grundlage entwickeln durfte, wird sie nichts anderes finden können als die gewöhnlichen Erscheinungen menschlicher Schwäche und Unvollkommenheit neben den breiten Spuren einer wohlmeinenden, kräftigen Zucht, verhältnismäßig sehr geringe Auswüchse an einem ehrbaren, kerngesunden, entschieden aufwärts steigenden, von einer ganz vortrefflichen, hochgebildeten Geistlichkeit geleiteten Volke.

In den Händen eines Philipp Ludwig wurde das von Luther der weltlichen Obrigkeit übergebene Kirchenregiment ein Segen im vollen Sinne des Wortes. So fremdartig uns Kindern einer neuen Zeit solch eine alte Kirchenordnung, solch ein landesväterliches Regiment auch anschauen mag, das eine dürfen wir nicht verkennen: Es war ein hohes Ideal, nach dem das ganze Volk regiert wurde, das der Vornehme wie das letzte Bäuerlein allzeit als Grundlage der gesamten Staatsraison über sich erblickte.

Aber wir können es auch auf der andern Seite nicht vergessen: die gleiche, auf den Augsburger Religionsfrieden gegründete

Rechtsbefugnis, in der Philipp Ludwig sein Volk heben und beglücken durfte, hat hernachmals dem Sohne die Möglichkeit gegeben, unsägliches Elend über das gleiche Land zu bringen, aus dem protestantischen Musterstaate einen jesuitischen Polizeistaat zu machen nach dem Vorbilde des altbayerischen.

Und wodurch unterscheidet sich der protestantische Staat so scharf vom jesuitischen Polizeistaat, daß dieser geradezu das Gegenstück von jenem genannt werden muß?

Das Endziel des Protestantismus war je und je die christliche Freiheit. Sie ist es auch noch in den engen Grenzen gewesen, die der protestantische, eben erst dem Mittelalter entwachsene Staat um das Gewissen des Unterthanen ziehen zu müssen glaubte. Das Endziel des Katholizismus ist der Gehorsam, die Unterwerfung.

Und den verschiedenen Zielen entsprechen die verschiedenen Mittel: der protestantische Musterstaat sucht sich aus dem Schooße des Volkes in den Censoren ehrbare, wohlgesinnte, über seine Ziele genau unterrichtete Mitarbeiter zu erziehen, die gleichzeitig seine und des Volkes Vertrauensmänner sein sollten, der Jesuitenstaat muß für sein Zwangskirchentum zu einem alten Klostermittel [23]) greifen und setzt den Unterthanen Spione auf den Nacken.

So bestellte Herzog Maximilian von Bayern gleich nach seinem Regierungsantritte in den Landgerichten, Städten und Märkten seines Gebietes geheime Angeber, die alle Beamten, Landsassen und Unterthanen gegen Bezahlung zu überwachen hatten, und befahl, man solle keine Kosten für die Gewinnung solcher Leute scheuen. Und als sich diese Kreaturen da und dort saumselig und parteiisch zeigen wollten, gab er sie wiederum ganz im geheimen abteilungsweise in die Hände von — Oberspionen. [24])

Hieher legen wir den Finger. Denn es heißt in der heiligen Schrift: „An ihren Früchten sollt ihr sie erkennen!"

II. Die Familientragödie.

Die Anlässe.

Unberechenbaren Einfluß haben die beiden Hauptlinien des Hauses Wittelsbach, die bayerische und die pfälzische, auf den Gang der deutschen Reformationsbewegung ausgeübt, ihre Haltung ist zu Zeiten nachgerade eine ausschlaggebende gewesen.

Es ist ein Naturgesetz, daß der Flut die Ebbe folgt. So kam auf die Sturmflut der Reformation um die Mitte des sechzehnten Jahrhunderts die katholische Reaktion. Das Trienter Konzil schuf der römischen Kirche einen klaren, zweifellosen Rechtsboden und legte guten Grund für eine Erneuerung [25]) von innen heraus, deren Notwendigkeit wohl von keinem einsichtsvollen Katholiken geleugnet werden konnte. Sobald aber dadurch eine feste Basis gewonnen war, mußte ein Zeitalter anheben, in dem die verdrängte alte Kirche mit allen Mitteln die Rückeroberung des verlorenen Bodens versuchte.

Als ihre Soldaten in diesem Kampfe erschienen die Jesuiten auf dem Plane.

Der erste Jesuit aber, der sich dauernd in Deutschland niederließ, war Peter Canisius, jener außerordentlich begabte, von glühender Begeisterung für die katholische Sache erfüllte Mann, und das Land, das in ihm dem Orden Loyolas die erste feste Heimstätte auf deutschem Boden anwies, war Bayern. Am 13. November 1549 zog er in Ingolstadt ein. [26])

Schroffe Gegensätze bildeten sich in der zweiten Hälfte des Jahrhunderts zwischen den bayerischen und den pfälzischen Wittelsbachern: Die Herzogsburg zu München wird zum Hauptquartiere der Jesuiten — in der Pfalz erringt allmählich der Kalvinismus den Sieg über die Lehre Luthers; und während das pfälzische Haus die Leitung der gegen den Kaiser und die Katholiken gerichteten protestantischen Bestrebungen in die Hand nimmt,²⁷) seit dem letzten Jahrzehnte des 16. Jahrhunderts mit Erfolg für ein enges Bündnis der protestantischen Stände wirkt und schließlich unter dem Eindrucke der beängstigenden Donauwörther Affaire sich wenigstens mit den protestantischen Ständen Süddeutschlands, Württemberg, Neuburg, Ansbach u. s. f., in der Union von 1608 zusammenschließt, werden in Bayern mit rücksichtsloser Härte die letzten Funken der neuen Lehre zertreten, gründet Herzog Maximilian der Union zum Trotze mit den geistlichen Fürsten Süddeutschlands die katholische Liga, der sich bald auch die geistlichen Kurfürsten des Reiches anfügen.

Die Liga aber war ein starker, die Union ein schwacher Bund — das zeigte zuletzt der achte November des Jahres 1620, jener verhängnisvolle Tag, an dem der Schöpfer der Liga seinen pfälzischen Vetter, das Haupt der Union, und seine ganze Königsherrlichkeit in einer Stunde vernichtete.

Wenn der Katholizismus in der Zeit der reformatorischen Kämpfe des sechzehnten Jahrhunderts in Deutschland nicht besiegt werden konnte, so verdankt er dies vor allem dem bayerischen Hause Wittelsbach, und wenn der erste Akt des großen Religionskrieges die Fortdauer der neuen Lehre in Frage stellte, so war dies ebenfalls vornehmlich das Werk des Hauses Bayern.

* * *

Die deutschen Fürstenhöfe des sechzehnten Jahrhunderts tragen fast samt und sonders ein eigenartiges Gepräge: sie sind beherrscht von den brennenden religiösen Fragen der Zeit. Eine seltsame Wechselwirkung, eine Art von Austausch der Charaktereigenschaften findet statt zwischen den Trägern des weltlichen Schwertes und den Vertretern der geistlichen Macht: eine starke Streitbarkeit kennzeichnet den Hoftheologen — den Hofprediger nicht minder als den Hofjesuiten —, und aktuelles Interesse an theologischen Untersuchungen beseelt eine große Anzahl von Fürsten. Am deutlichsten prägt sich die Richtung der Zeit in der Erziehung der heranwachsenden Generation aus: Katholiken und Protestanten legen ein großes Gewicht auf die theologisch-dialektische Ausbildung ihrer jungen Prinzen. Auf katholischer Seite sagt man es mit dürren Worten, daß ein derartig geschulter Fürst in der Bekehrung seiner Standesgenossen mehr auszurichten vermöchte als viele Theologen.

Haus Neuburg lebte mit den Münchener Vettern in gutem Einvernehmen, soweit man eben zwischen einem streng protestantischen und einem ebenso streng jesuitisch-katholischen Hofe von gutem Einvernehmen zu reden berechtigt ist. Aber das Bewußtsein gemeinsamen Geschlechtsursprunges mag hier noch besonders gestärkt worden sein durch die beiderseitige nahe Verwandtschaft mit dem Hause Habsburg: Maximilians Großmutter und die Mutter der Pfalzgräfin Anna waren leibliche Schwestern, Töchter Ferdinands I., gewesen.

Schon als Prinz war Maximilian von Bayern mit den Neuburgern in Berührung gekommen. Ausflüge von Ingolstadt führten den fürstlichen Studenten einigemale ins Neuburgische, und der Jesuitenzögling verlebte in Gesellschaft seines berühmten lutherischen Vetters Stunden, deren Reize ihm durch das Gefühl des konfessionellen Gegensatzes noch erhöht wurden.[28])

Als aber zu Ende des 16. Jahrhunderts zwischen den neuburgischen und den bayerischen Theologen ein böser Streit über dogmatische Fragen entstand und Philipp Ludwig mit Wilhelm V. durch Austausch der Streit- und Schmähschriften in einen wenn auch nicht angenehmen so doch ziemlich lebhaften Verkehr trat, kam Maximilian eines Tages nach Neuburg, und bei Gelegenheit dieses Besuches schlug der Pfalzgraf vor, man solle die von den Jesuiten in so gehässigem Tone geführte Fehde Auge in Auge durch ein Religionsgespräch zu Ende bringen.

Von diesen Redeturnieren des 16. Jahrhunderts samt und sonders gilt das Wort, das einst Kurfürst Friedrich IV. an Philipp Ludwig geschrieben hatte: „Die vielen Colloquia der Theologen haben nie Einigkeit gestiftet, oft aber den Zwiespalt vergrößert".[29])

Auch das bayerisch-neuburgische Religionsgespräch, das auf jene Veranlassung hin im Jahre 1601 zu Regensburg abgehalten wurde und zu den bedeutendsten theologischen Fehden der Reformationszeit überhaupt zu rechnen ist,[30]) hatte den von vornherein nicht zweifelhaften Erfolg: beide Teile maßen sich den Sieg bei, und der alte Riß war womöglich noch weiter geworden.

Dennoch scheint Bayern in der Folge aus jener Zusammenkunft mit den Neuburgischen Vettern großen Gewinn gezogen und damals schon den unscheinbaren Keim zu späterem Unglücke in das Haus Philipp Ludwigs gelegt zu haben. Thatsache ist es, daß Maximilian und sein Vater mit Freuden auf Philipp Ludwigs Vorschlag eingegangen waren und sofort die Möglichkeit einer Bekehrung des jungen Wolfgang Wilhelm ins Auge gefaßt hatten. Vor dem Colloquium schrieb Maximilian dem Papste ausdrücklich von dieser Hoffnung — und das giebt sehr zu denken; denn Maximilian war je und je ein kühler, scharfsehender Beobachter, das gerade Gegenteil eines Sanguinikers.

Der Verlauf des Gespräches ist dann freilich nicht der Art gewesen, daß ein überzeugungsfester Protestant in seinem Glauben hätte erschüttert werden können. Selbst der Bericht, den Maximilian dem Papste erstattete, sprach von getäuschten Hoffnungen und bekannte, daß die Wurzeln des Irrtums bei den Verwandten über Erwarten tief säßen. Dennoch aber behauptet die römische Geschichtsschreibung, daß Wolfgang Wilhelm damals schon zu zweifeln begonnen habe.

Sei dem, wie ihm wolle. Immerhin müssen wir konstatieren, daß Maximilian von Bayern dort zu Regensburg seinem jungen Vetter zum erstenmale so recht als Vorkämpfer der römischen Richtung entgegengetreten ist, daß das Jahr 1601 somit in gewisser Beziehung angefangen hat, was hernach das Jahr 1613 vollenden sollte — allerdings nur unter einer für Maximilians Absichten ungemein günstigen politischen Konstellation vollenden konnte.

Philipp Ludwig lebte in glücklicher Ehe mit Anna, der Tochter Wilhelms IV. von Jülich, Cleve, Berg, Mark und Ravensberg; diese war gleich ihren Schwestern unter dem Einfluß ihrer Mutter protestantisch erzogen worden, während der katholische, ziemlich indifferente Vater die Söhne unter einen katholischen Hofmeister gestellt hatte.[31])

Der Pfalzgraf von Neuburg war, gleich seinem Vater, ein kinderreicher Mann: Vier Söhne und vier Töchter hatte ihm Frau

Anna geboren. Durch die älteste Tochter, Anna Maria, ward Pfalz-Neuburg hernachmals verschwägert mit Sachsen-Altenburg, ein Knabe, der den Namen Ottheinrichs trug, starb im zartesten Alter, bitteres Leid verursachte dem Hause der Tod einer 22 jährigen Tochter, drei Söhne, Wolfgang Wilhelm, August und Johann Friedrich sollten sich bereinst in das Erbe des Vaters teilen. Aber neben dem kleinen Neuburgischen Fürstentume stand den Söhnen Philipp Ludwigs von Anfang an ein großer, lockender Besitz in Aussicht — das Erbland der Mutter, Jülich, Cleve, Berg, Mark und Ravensberg.

Das alte Haus der Grafen von der Mark, das in der ersten Hälfte des 16. Jahrhunderts die Länder der Jülichischen Herzoge, der Gerhardinger, erheiratet hatte, war dem Erlöschen nahe. Deshalb hatte schon Kaiser Karl V. für den Fall, daß Herzog Wilhelm IV. oder dessen Söhne ohne männliche Nachkommenschaft sterben sollten, Wilhelms Töchtern und deren Nachkommen im Mannesstamme das Erbfolgerecht verbrieft. Ferdinand I. und Maximilian II. erklärten noch außerdem die Lande für unteilbar: es sollte entweder nur je eine Tochter und deren männliche Descendenz das Erbe antreten, oder es sollten sämtliche Töchter und deren männliche Descendenz die Regierung gemeinschaftlich besorgen.

Herzog Wilhelm vermählte im Jahre 1572 seine älteste Tochter Maria Leonore mit Herzog Albrecht von Preußen, verbriefte nach Maßgabe des kaiserlichen Privilegiums ihr samt ihren Erben die alleinige Nachfolge und bewog noch in den siebziger Jahren sowohl Anna von Neuburg als deren Schwester Magdalena, die an den Bruder Philipp Ludwigs, Johann von Zweibrücken, vermählt war, auf die jülichischen Lande zu verzichten. Nach diesen Abmachungen sollte immer die jüngere Schwester erst nach dem Tode der älteren Schwestern und dem Aussterben aller ihrer Erben der Nachfolge fähig sein. Das Wort Erben aber schien Herzog Wilhelm mit Absicht gewählt zu haben, so daß nunmehr im Widerspruch mit den kaiserlichen Bestimmungen auch die weibliche Nachkommenschaft Maria Eleonorens zur Nachfolge berechtigt wurde — und zu dem ungünstigen Vertrage waren Neuburg und Zweibrücken durch betrügerische Kniffe Herzog Wilhelms und seiner Räte verleitet worden: so enthielt man Philipp Ludwig den Wortlaut des kaiserlichen

Privilegiums von 1546 trotz öfteren Ansuchens fortwährend vor und brachte ihm sogar die Ansicht bei, daß nach dem Wortlaut dieser Urkunde überhaupt nur die älteste Tochter Wilhelms zur Nachfolge berechtigt wäre.

Maria Eleonore bekam keine männlichen Leibeserben, Philipp Ludwig aber hatte sich mittlerweile das unterschlagene Privileg verschafft, ward des Betruges inne und sah, daß nach dem Tode der ältesten Schwester seine Gemahlin und deren männliche Erben zur Nachfolge kommen mußten.³²) Philipp Ludwig war der Charakter dazu, mit aller Zähigkeit klarliegende Ansprüche zu verfolgen, aber dabei glich er dem armen Manne, der mit geringen Mitteln den Prozeß um eine große Erbschaft beginnt. Der Streit um Jülich stürzte das kleine Fürstentum in einen unabsehbaren Kampf mit mächtigen Rivalen und brachte nachgerade die neuburgischen Finanzen in schwere Zerrüttung. Und hier war auch der Punkt, auf dem zuletzt die höchsten Güter des Volkes in Mitleidenschaft gezogen wurden. Denn soviel ist wohl gewiß: als Erbprinz von Neuburg wäre Wolfgang Wilhelm nie in die Versuchung gekommen, seinem Bekenntnis untreu zu werden.

Pfalzgraf Wolfgang Wilhelm.

Ueber die Jugendgeschichte Wolfgang Wilhelms wissen wir zur Zeit nur wenig; namentlich liegen uns keinerlei nähere Angaben über den Gang seiner Erziehung vor.

Gewiß aber darf man von der Erziehung der jüngeren Brüder auf die des ältesten zurückschließen, und über diese sind wir durch einen glücklichen Zufall genau unterrichtet: Es haben sich nämlich sehr interessante Vorschriften³³) erhalten, die Pfalzgraf Philipp Ludwig im Jahre 1598 dem Hofmeister und dem Präceptor Augusts und Johann Friedrichs, Wolfgang Philipp von Brand und Magister Heuchelin, erteilte.

Diese Instruktionen verlangten vor allem, daß die Prinzen lediglich auf der Grundlage der Augsburgischen Konfession erzogen und sorgfältig vor allen Irrlehren bewahrt würden.

Weil aber das Leben der Lehre nachfolgen müsse, so war der Hofmeister weiterhin beauftragt, in jeder Beziehung auf gute

Zucht zu halten und scharfes Augenmerk auf die Umgebung der Jünglinge zu richten.

Morgens und abends mußte mit aufgehobenen Händen gebetet, ein Bibelabschnitt in lateinischer, französischer, italienischer und deutscher Sprache gelesen, alle Sonn- und Feiertage wie auch an bestimmten Wochentagen der Gottesdienst besucht werden. War es auf Reisen unvermeidlich, dem Predigtgottesdienste einer anderen Konfession beizuwohnen, so hatte der Hofmeister die Prinzen stets auf die Irrlehren jener Bekenntnisse hinzuweisen. Strikte verboten aber war der Besuch einer Messe.

Kamen die Söhne auf Reisen an fremde Höfe, so hatte der Hofmeister auch hier in allen ihren dienstfreien Stunden für Fortbildung zu sorgen.

Besonderes Gewicht mußte auf die Konversation in den obengenannten fremden Sprachen gelegt werden; dabei aber sollten sich die Prinzen auch der deutschen Sprache befleißigen und daran gewöhnt werden, „daß sie fürstlich tapfer, mannlich und mit guten, lautern, verständlichen Worten, allen Ueberfluß hintangesetzt, da es von Nöten, notwendige Sach reden und fürbringen" möchten.

Namentlich sollte auf einen guten Stil gesehen werden, „damit die Zöglinge mit der Zeit in Händeln desto besser zu gebrauchen und nit allwegen im Fall der fürstehenden Not auf andere sehen und warten" dürften, und zudem mußten sich die Prinzen „eine starke, leserliche Schrift" aneignen.

In fremden Landen hatte ihnen der Hofmeister nützliche Einrichtungen zu zeigen, dagegen aber Sorge zu tragen, daß sie nicht zur Unzucht und Prachtliebe verführt würden. „Denn weil unsere Söhne geborene Deutsche sind", sagt Philipp Ludwig, „sollen sie auch billig bei dem loblichen, deutschen Gebrauch bleiben".

„Wahrhaftigkeit und Aufrichtigkeit", heißt es weiter, „ist aller Tugenden Zier und ein hohes Kleinod und vor allem eines deutschen Fürsten würdig"; derhalben sollte der Hofmeister die Prinzen dazu erziehen, daß sie in all ihrem Reden, Thun und Wesen „wahrhaftig, tapfer und beständig" wären, sich bei fremden Leuten selbst nicht viel rühmen, sich niemals im Reden übereilen möchten.

Disputationen über religiöse und politische Fragen mußten im allgemeinen vermieden werden. Nachdem leider Fressen und Saufen in der deutschen Nation und auch an etlichen Höfen vielfach eingerissen wären, sollte der Hofmeister den Prinzen keine Unmäßigkeit gestatten, selbst mäßig sein und wiederum auf die Umgebung ein wachsames Auge haben; denn es sei mit diesem greulichen Laster weder Gott nach der Welt gedient, die göttliche Majestät werde dadurch zum Zorn gereizt, allerlei Unfall an Leib, Seele und aller Wohlfahrt könne daraus entstehen. Ueber die Gesundheit der Prinzen war gute Aufsicht zu halten, in Erkrankungsfällen nach genauen Vorschriften zu verfahren.

Die Pferde durften weder durch die Prinzen noch durch die Diener in übermäßiger Weise getummelt werden, den Prinzen war es nicht gestattet, ohne Wissen und Willen des Hofmeisters auszureiten oder auszugehen.

Ehrenkleider sollten nicht ohne des Vaters Genehmigung gemacht werden.

Der Hofmeister hatte seine Lagerstätte des Nachts, wo es auch war, in der Kammer der Prinzen aufzuschlagen; Thür und Thor mußten zur Nachtzeit stets wohl verwahrt, die Schlüssel in der Hand des Hofmeisters oder des Präzeptors sein. Die Abteilung des fürstlichen Schlosses zu Neuburg, in der die Prinzen wohnten und mit adeligen Knaben unterrichtet wurden, war bei Tag und Nacht abgesperrt zu halten.

„Obwohl ziemliche Spiele nicht für unfürstlich zu achten", so sollten die Söhne doch nur Ballspiele treiben, Schach und Neun-Stein-Ziehen vornehmen, sonst aber sich zur Zeit des Spielens so weit möglich enthalten. Weil aber des Menschen Herz im Spielen sich vielfältig eröffne und sehen lasse und verständige Leute allerlei daraus abnehmen könnten, so sollten sie sich dabei „nicht eigennützig, ungestüm, jähzornig oder anders als fröhlich und fürstlich zeigen". Unter strenger Aufsicht durften sie sich üben im Barr- und Wettlauf, in Ritterspielen, Reiten, Wald- und Feldjagd, Scheibenschießen und dergleichen mehr.

Mit dem Hofmeister des ältesten Prinzen sollte von Brand in gutem Einvernehmen leben, damit auch die Prinzen „mit rechter Lieb, Huld und Treu einander gemeinen". Mißverständnisse, die man selbst nicht zu schlichten vermochte, mußten dem Statthalter oder im Notfalle dem Vater vorgelegt werden. Statthalter und Präzeptor hatten einander in die Hand zu arbeiten; Meinungsverschiedenheiten der beiden entschied der Herzog.

Die Söhne sollten zur Sparsamkeit angehalten, überhaupt alle Ausgaben möglichst beschränkt werden.

Einzuprägen war ihnen, daß es an sich löblich und Gott wohlgefällig sei, wenn hohe Personen gegen arme, elende, dürftige Leute, besonders ihre Unterthanen und getreuen Diener sich gütig, gnädig und mild erzeigten, und daß solches von Gott reichlich belohnt werde; das sollte man ihnen aus Bibel und Geschichte beweisen, sollte „die herrlichen Verheißungen im Psalter Davids" oft mit ihnen lesen und sie auf diese Weise zur Guttätigkeit gewöhnen. —

Nichts wohl könnte uns einen klareren Blick in den Geist gewähren, der im neuburgischen Schlosse herrschte, als diese Richtpunkte der Prinzenerziehung, die zugleich Philipp Ludwigs markiges Wesen und seine Fürstenideale in helles Licht stellen.

* * *

Die jülichische Angelegenheit war dazu angethan, nicht nur die zunächst beteiligten Häuser in Atem zu halten, sondern auch weitere Kreise zu interessieren. Zu dem politischen kam ein starkes religiöses Moment, und mit Spannung sahen die katholischen Mächte auf die Entwickelung der Dinge, die an Stelle eines katholischen Fürsten einen protestantischen setzen sollte; denn außer Neuburg hingen auch Brandenburg und Sachsen, die beiden andern Prätendenten, der neuen Lehre an.

Im Frühling des Jahres 1609 schied der schwachsinnige Johann Wilhelm von Jülich aus dem Leben, und nach einigen Monaten beschlossen Wolfgang Wilhelm und Brandenburg, vorerst die Verwaltung des Landes gemeinschaftlich zu besorgen. Aber schon zu Ende des Jahres 1611 trieb der Strom der politischen Ereignisse und Intriguen den Pfalzgrafen Wolfgang Wilhelm zu Unterhandlungen mit dem Haupte der Liga, Maximilian von Bayern, Unterhandlungen, die zwar hinter dem Rücken Philipp Ludwigs angeknüpft, von diesem gewiegten Politiker aber, unter dem Drucke der Not hernachmals, wenn auch nach einigem Zögern, gutgeheißen wurden. Ließ sich Bayern zur Hilfeleistung bewegen, so gewann Neuburg allerdings bedeutenden Machtzuwachs: Die Liga, den Kurfürsten Ferdinand von Köln, Maximilians Bruder, Ferdinand von Steiermark, den Schwager Maximilians und Ferdinands von Köln, Spanien, die katholische Partei überhaupt.³⁴) Aber der Weg, den Wolfgang Wilhelm betreten hatte, war gefährlich für den einzelnen Mann, war gefährlich für einen Starken, wievielmehr für einen Schwachen, — und der Sohn Philipp Ludwigs ist auch unterlegen in der Gefahr.

Unter den verschiedenen Bildern Wolfgang Wilhelms, die auf uns gekommen sind, beansprucht wohl das von der Hand von Dyks gemalte den ersten Platz.³⁵) Es zeigt einen schönen Kopf, aber einen Kopf, aus dem selbst dieser große Künstler allem Anscheine nach nicht viel machen konnte. Durch die Augen in die Seele zu schauen, ist ja an und für sich in den meisten Fällen ein schwieriges Ding, wird vollends zur Unmöglichkeit, wenn es sich um gemalte Augen handelt. Aber soviel kann über jenes offenbar sehr wahrhaftige Bild unter allen Umständen gesagt werden: Energie und Kraft sprechen nicht aus seinen Zügen.

Wertvoll ist das Urteil, das Maximilian von Bayern in einem offiziellen Schriftstücke über den Charakter seines Vetters abgegeben hat. Er schildert den damals fünfunddreißigjährigen Pfalzgrafen als einen Mann von Geist, von herrlichem Ansehen, von sehr guter Gestalt; er sei klug, beredt, höflich, habe Erfahrung und Weltkenntnis; er besitze die italienische Sprache in ziemlich hohem Grade, seine wissenschaftliche Bildung sei eine mittelmäßige. Vor allem betont Maximilian die Aufrichtigkeit und die Offenheit des Vetters, Charaktereigenschaften, in denen er sich gleichsam gefalle.³⁶)

Nach anderweitigen Ueberlieferungen vermochte sich Wolfgang Wilhelm in sechs Sprachen schriftlich und mündlich auszudrücken. Johann Rummel aber, der fast neunundzwanzig Jahre

lang in seiner Umgebung gewesen, bestätigt, daß er von seinen
Eltern stets „zur Ehre Gottes, allen christlichen Tugenden, Gottes-
furcht, wahrer Religion angewiesen worden sei." Ungefähr sechs-
undzwanzigmal habe er die heilige Schrift gelesen, darinnen die
Stützpunkte der evangelischen Lehre mit verschiedenfarbigen Tinten
glossiert, und noch im Jahre 1612 in ähnlicher Weise mit der
Durcharbeitung der Paulinischen Briefe begonnen. Ein Meister
sei er im Disputieren gewesen.[37])

Seit seinem vierundzwanzigsten Lebensjahre nahm Wolfgang
Wilhelm teil an allen Regierungsgeschäften, und die Tradition
rühmt die große Geschäftsgewandtheit, die er sich mit der Zeit
unter den Augen des Vaters aneignete. Es geht die Sage, daß er zu
gleicher Zeit schreiben und diktieren konnte[38]) — wie weit sie auf
Wahrheit beruht, soll hier nicht näher untersucht werden. Aber
sicherlich war er ein Mann, der das Arbeiten gelernt hatte; das
beweisen die großen Zusätze von seiner Hand, die sich in vielen
Akten der späteren Zeit finden.

Wir vermögen heute die Bahn klar zu überschauen, die Wolfgang Wilhelm vom Ende des Jahres 1611 bis zum 19. Juli 1613
zurückgelegt hat.

Wenn es aber die vornehmste Aufgabe des Historikers ist,
die Ursachen einer Erscheinung aufzudecken, so muß eine Darstellung der Neuburgischen Familientragödie vor allem die Thatsache in den Vordergrund rücken: Es war kein gewöhnlicher
Mensch, der sich mit der Bezwingung Wolfgang Wilhelms beschäftigte, seine Bekehrung als eine Gewissenssache, als „ein wahr-
haft heiliges Geschäft" ansah; der Mann, der dieses — allem
Anscheine nach — nicht feste Menschenherz bezwang, hat hernachmals der Ausbreitung einer der gewaltigsten Geistesbewegungen
aller Zeiten in Deutschland einen Damm gesetzt. Nur wenn
man beide Charaktere gegeneinander abwägt, wird man im stande
sein, dem Unterlegenen Gerechtigkeit widerfahren zu lassen.

Die Bekenner der evangelischen Lehre haben niemals einen
grimmigeren, unerbittlicheren, gefährlicheren Feind, die Katholiken
niemals einen bewunderungswürdigeren weltlichen Vorkämpfer
gehabt, das Haus Wittelsbach niemals einen gewaltigeren Fürsten,
niemals einen Mann von größerer Sittenreinheit hervorgebracht

als Maximilian, den Sohn Wilhelms des Frommen, von dem Papst Clemens schon im Jahre 1593 „Großes für die katholische Religion" gehofft hatte.[39])

Er war eine Herrschernatur, wie die Geschichte nur wenige kennt; denn er war Meister in der schwersten Kunst, er war Herr über sich selbst. Diese Selbstbeherrschung war wohl eine Charakteranlage, aber ausgebildet wurde sie sicherlich erst durch seine Erzieher, die Jesuiten. Ihnen war der Knabe, der Jüngling, der von geradezu schwärmerischer Frömmigkeit erfüllte[40]) Mann mit warmer Verehrung ergeben — aber so gewaltig war die Herrschernatur in ihm, daß diese Allerweltsherrscher trotzdem niemals eine eigentliche Herrschaft über ihn auszuüben vermochten. Dennoch nannten sie ihn das „Ideal eines christlichen Fürsten" — weil seine Ziele mit den ihrigen zusammenfielen.[41]) Menschen, die unentwegt ein Ziel verfolgen mit Einsetzung ihrer ganzen Kraft und mit Hintansetzung jeder eigenen Bequemlichkeit, üben stets auch einen starken Einfluß auf ihre Umgebung aus; die wenigsten Menschen sind konsequent, deshalb imponiert gerade der Masse der anderen die Konsequenz Einzelner am meisten. Kommt hiezu noch die Gewohnheit eines geradezu mönchischen Ernstes, großer Verschlossenheit und Schweigsamkeit, so ist das Uebergewicht vollkommen.

Ueberblicken wir nun in gedrängter Kürze die folgenschwere Bekehrungsgeschichte:[42])

Von Anfang an ist es Maximilian, der die Fäden des ganzen Geschäftes in den Händen hat; Wilhelm der Fromme und der Kurfürst von Köln spielen nur Nebenrollen. Mit Maximilian bespricht sich Wolfgang Wilhelm — zu Anfang des Jahres 1612 — über seine Lage als Prätendent, bei ihm als dem Haupte des Hauses bewirbt er sich auch um die Hand seiner Schwester Magdalena.[43])

Sofort hält ihm dieser die Religionsverschiedenheit entgegen und bezeichnet sie als das wohl einzige Hindernis für die im übrigen genehme Verbindung beider Häuser. Auch der alte Herzog gibt die strikte Erklärung ab: „Ohne die Berichtigung dieses Punktes könne die Sache schlechthin nicht weiter gedeihen."

Nun beginnt der Handel, in dem Markham, der Günstling

Wolfgang Wilhelms, ein englischer Oberst — in Neuburg nannte man ihn hernachmals schlechtweg „einen engelländischen Banditen" — den gewandten Unterhändler macht, und von vorneherein setzt man als Preis der Bekehrung nicht nur das Weib und die Unterstützung des Hauses, sondern man stellt auch die Beihilfe aller katholischen Fürsten in lockende Aussicht.

Wolfgang Wilhelm weigert sich natürlich anfangs, seinem Bekenntnis untreu zu werden, und meint seinerseits, es genüge wohl der Versprach freier Religionsübung für Magdalena, und für die katholische Kirche wäre es schon von großem Nutzen, wenn er den energischen Schutz des zum größten Teile katholischen Adels der jülichischen Lande in Aussicht stelle; vorsichtigerweise aber erklärt er sich doch bereit, „zu einem trauten Religionsgespräche" nochmals nach München zu reisen.

Diese Zusammenkunft, bei der nur Maximilian und ein gelehrter Laie zugegen sind, verläuft scheinbar resultatlos. Wolfgang Wilhelm erklärt, daß er jetzt nur noch fester in seiner Ueberzeugung geworden sei. Zugleich aber spricht er aus, daß er sich nie mehr zu einer ähnlichen Unterredung verstehen werde. Ob er nicht dadurch schon die herannahende Schwäche dokumentiert hat?

Maximilian bleibt unerschütterlich bei seiner Forderung; der Neuburger reist ab.

Wenige Tage später schon bittet er um eine neue Zusammenkunft. In sieben Unterredungen setzen ihm nun Maximilian und jener Laie, wahrscheinlich ein Graf Rechberg, zu — und Wolfgang Wilhelm beginnt mürbe zu werden. Er verspricht, um Erleuchtung beten zu wollen, und verlangt nur noch Zeit und Geheimhaltung.

Maximilian hat seinen Willen auf sein Objekt übertragen, dieser Wille wirkt fortan in dem Widerstrebenden, Kämpfenden, Zweifelnden während eines vollen Jahres — und siegt zuletzt. —

Der Streit um Jülich verursachte dem alternden Herzog von Neuburg drückende Sorgen: Er stand am Ende seiner Leistungskraft, nachdem ihm die Sache schon über eine Million Gulden gekostet hatte. Gegen das Ende des Jahres 1612 forderte er deshalb selber den Sohn auf, er solle heiraten. Da rückte dieser mit seinen bayerischen Plänen heraus.

Und nun beginnt der häßliche Teil des Handels. Während Wolfgang Wilhelm mit seinen Münchener Verwandten schon alles bis ins kleinste besprochen hat und mit Energie an der Erfüllung der letzten Bedingung arbeitet, sich intensiv mit der Lektüre des Canisius beschäftigt und nach seinen eigenen Worten zur Mutter Gottes um Erleuchtung und Bekehrung betet, — beschwichtigt er die schweren religiösen Bedenken, die der Vater geltend macht, sagt ihm, Religionsverschiedenheit der Ehegatten sei ja in Gottes Wort keineswegs verboten, die ungläubige Frau könne wohl durch den gläubigen Mann geheiligt werden, bei dem trefflichen Verstande des Fräuleins sei die Hoffnung auf ihre einstige Bekehrung nicht ausgeschlossen!

Philipp Ludwig versieht sich zwar von Bayern nichts gutes, fürchtet das „seltsame praktizierische Volk" der Jesuiten, erklärt sich aber in seiner Ratlosigkeit bereit, dem Wunsche des Sohnes zu folgen und Verhandlungen mit Bayern anzuknüpfen. Auch er ist Politiker, und als solchem wäre ihm die Hilfe Bayerns außerordentlich wertvoll. Die Bekehrung Magdalenens erscheint ihm nicht unmöglich, obgleich er vorsichtig bemerkt, ob in einem solchen Falle nicht am Ende der Verwandtschaft „geneigter Wille wieder etwas abnehmen könnte." Man sieht, auch er rechnet — aber an eine Gefährdung des eigenen Sohnes denkt sein Herz nicht.

Es ist sicher und muß zur Ehre Wolfgang Wilhelms gesagt werden, daß ihm die Komödie mit seinem Vater schwer auf der Seele lag. Sein Verhältnis zu ihm war zwar zweifellos von jeher kein aufrichtiges,⁴⁴) — sonst hätte er damals nicht so handeln können — es scheint aber auch durchaus kein unkindliches gewesen zu sein. Er sieht es kommen, daß sich der alte Mann hernachmals zu Tode grämen werde, und diese Vorstellung bereitet ihm große Qual, nach seinen eigenen Worten größere als seine in Aussicht stehende Enterbung. Aber dennoch läßt er sein Gewissen von Maximilian einschläfern, für den es sich hier natürlicher Weise nicht um die Schonung kindlicher Gefühle, sondern um die maior gloria ecclesiae handelt, und spielt die Komödie weiter und spielt sie zuletzt mit der Gewandtheit eines Histrionen. —

Wie hatte doch der Satz gelautet, auf dessen Grundlage Philipp Ludwig einstmals seine Söhne hatte stellen wollen? „Wahrhaftigkeit und Aufrichtigkeit ist aller Tugenden Zier und ein hohes Kleinod und vor allem eines deutschen Fürsten würdig!" —

Langsam schieben sich die offiziellen Verhandlungen zwischen Neuburg und Bayern fort — mit Hochdruck aber arbeitet derweilen Maximilian am Kern der Sache, und im Juli 1613 schwört der Sohn Philipp Ludwigs, der Enkel Wolfgangs von Zweibrücken, obwohl erst mangelhaft unterrichtet in der katholischen Lehre, heimlich zu München im Herzogsschlosse den Glauben seiner Väter ab und tritt zur römischen Kirche über mit einem Bekenntnisse, das in den Worten gipfelt:

„Diesen wahren und allgemeinen Glauben, ohne welchen niemand selig werden kann, zu welchem ich mich anjetzo freiwillig erkenne und wahrhaftig halte, will ich mit Gottes Hilfe und Beistand ganz unverletzt bis an den letzten Seufzer meines Lebens beständig behalten und bekennen; auch bei meinen Unterthanen und denjenigen, so mir anbefohlen sind, soviel mir möglich und frei stehen wird, daran sein, daß sie gleichergestalt dahin gewiesen und gehalten werden; gelobe und verspreche dieses alles, so wahr mir Gott helfe und sein heiliges Evangelium."

So war erreicht, was Maximilian schon mit dem Religionsgespräche vom Jahre 1601 angestrebt hatte.

Groß war in Rom die Freude über diesen Erfolg; der Papst pries die göttliche Erbarmung, zollte der Klugheit Maximilians, ihres Werkzeuges, das höchste Lob und erteilte ihm den apostolischen Segen. Wolfgang Wilhelm erhielt den zur Heirat nötigen Dispens, und man verlangte nur noch, daß der Neubekehrte in einem Zusatze zu dem abgelegten Bekenntnisse seine frühere Ketzerei mit einem grausigen Fluche verdamme.

Der Vermählung stand nun nichts mehr im Wege: Wolfgang Wilhelm hatte sein Versprechen erfüllt, er war „so geworden, wie es Maximilian wünschte."

Unter diesen Umständen ward aber auch die Stipulierung der Ehepakten, die der ahnungslose Philipp Ludwig mit aller ihm eigenen Pünktlichkeit betrieb, auf bayerischer Seite zu einer Farce. Von den sechs Beamten, die mit diesem Geschäfte betraut waren kannten wohl nur Rechberg und Donnersberg sowie Spierinckh, der Rat Wolfgang Wilhelms, die wahre Grundlage des Handels. Kein Wunder, daß die Bayern während der Beratung des Vertrages und während der Besprechungen über das Ceremoniell der Trauung die Situation etlichemale komisch fanden und das Lachen nicht mehr verbeißen konnten. Kein Wunder auch, daß man auf bayerischer Seite allen religiösen Bedenken des Herzogs von Neuburg die zarteste Schonung angedeihen ließ, die wichtigsten Punkte, wie die Frage der Kindererziehung, überhaupt gar nicht berührte. —

Im November desselben Jahres wurde die Hochzeit zu München mit kirchlichem Pompe und mittelalterlicher Festespracht begangen. Wie Maximilian so war auch Philipp Ludwig rauschenden Vergnügungen abhold; aber wo er sich zur Glanzentfaltung verpflichtet fühlte, da wußte er gleich jenem der Geschmacksrichtung der Zeit gar wohl Rechnung zu tragen. Nachdem daher München fast eine Woche lang in heller Lustbarkeit geschwommen war, begab man sich zur Nachfeier nach Neuburg und beschloß die Reihe der bedeutungsvollen Tage durch ausgelassene Possenspiele.

Aus allen Schilderungen längst verrauschter Feste steigt Moderluft und Kirchhofstimmung empor. Widerlich aber legt sich uns die Beschreibung jener Neuburger Festtage aufs Gemüte: Wir hören den Donner der Kanonen, wir sehen das jubelnde Volk auf den Gassen, es wogen die reichgeschmückten Gäste in den Sälen des Ottheinrichs-Schlosses, wir schauen hinein in das Gewühle des Fußturniers, die Sauhatz zieht an uns vorüber, die Schalksnarren tanzen um die Wette mit Eseln und Affen, der Strom färbt seine Wellen in den Farbengluten eines Feuerwerks — es ist das Satyrspiel, das die Tragödie unterbricht.

Neun Monate später lag Philipp Ludwig auf dem Schragen, und sein Volk raufte sich das Haar und schlug wehklagend an die Brust.

*   *   *

Es ist im Rahmen der vorliegenden Studie nicht thunlich, die Neuvermählten nach Düsseldorf zu begleiten, die schweren Monate zu schildern, die sie dort zu durchkämpfen hatten.

Als einzige Rettung aus seinen politischen Wirr- und Drangsalen stand schließlich vor Wolfgang Wilhelm der öffentliche Uebertritt zur katholischen Kirche. Die „Katholischen, sonderlich Frankreich würden", so hoffte er, dann „desto eifriger, ihm zu helfen, auch der Kaiser möchte den rechtlichen Austrag eher fördern." Ferdinand von Köln und Maximilian aber glaubten, der richtige Zeitpunkt wäre noch nicht gekommen, und hielten ihren zuweilen ziemlich unbesonnenen Schwager vom folgenschweren letzten Schritte zurück.

Immer drückender wird des Pfalzgrafen Lage. Die Umgebung schöpft Verdacht, im Februar bringt der Hofprediger in ihn, er solle kommunizieren. Allerlei Gerüchte durchschwirren die Luft.

Da tritt Johannes Rummel, der oben erwähnte grabsinnige Diener Wolfgang Wilhelms, vor seinen Herrn und stellt ihn zur Rede. Er selbst hat uns das Gespräch überliefert:

„E. F. G. sehen wohl auf! Irret euch nicht, Gott läßt sein nicht spotten! A pueris sacras literas didicisti!*) Damit es nicht heiße: et recessit spiritus Domini a Saul, et exagitavit ipsum spiritus nequam." **)

»Was? Haltet ihr mich für König Saul?«

„Da er abfiel, kam der spiritus nequam."

»Was sagt ihr dazu, wenn man also von mir redet?«

Ich: „defendo tuam celsitudinem***) so, daß ich für E. F. G. schier meine Seele zum Pfand setzen wollte."

Er: »Was? Dürft Ihr für mich Eure Seele verobligieren?«

Ich: „Es ist noch nicht geschehen: wenn ich aber weiß, daß E. F. G., ein solcher christlicher, eifriger, gottesfürchtiger Fürst, von dem jedermann zu sagen weiß, und der alle Gemüter durch seine facundiam†) an sich zieht, so sollt ich's bald wagen."

Er: »Nein, Hanns! Die Seele soll man nicht verschwören.«

---

*) Seit deiner Kindheit bist du unterrichtet worden in der heiligen Schrift.
**) Da wich der Geist Gottes von Saul u. s. w.
***) Ich verteidige E. Hoheit.
†) Redegabe.

„Daraus hab ich allgemach ein dubium*) geschöpft....." 45)

Die bösen Gerüchte drangen zuletzt auch nach Neuburg. Im Laufe des April bat Philipp Ludwig den Sohn, er möchte durch eifrige Bethätigung seiner lutherischen Gesinnung allen Verleumdungen den Boden entziehen.

Gerade in diesen Wochen hielt es nun auch endlich Maximilian für angemessen, daß Wolfgang Wilhelm die Karten auflege.

Am ersten Mai forderte Philipp Ludwig eine bestimmte Antwort — und er bekam sie.

Am 10. Mai trafen zwei bayerische Gesandte, Dr. Joachim Donnersberg, Oberstkanzler, und Lorenz von Wenshin, Jägermeister, zu Neuburg ein und entledigten sich verschiedener Aufträge. Als aber ihre Geschäfte am 12. Mai abgewickelt waren, gaben sie bekannt, es wäre ihnen am Abend vorher von München aus noch ein besonderer Auftrag geworden, und suchten um eine Privataudienz bei der gesamten herzoglichen Familie nach. 46)

Diese Audienz fand noch vor der Mittagsmahlzeit statt; es war jedoch nur der Herzog selbst zugegen. Die Gesandten übergaben ein verschlossenes Handschreiben Wolfgang Wilhelms und teilten dem Vater in aller Form den Religionswechsel des Sohnes mit.

Wie vom Schlage gerührt fühlte sich der alte Mann. Entsetzen und Wehmut erfüllten seine Seele. Ohne Antwort entließ er die bayerischen Gesandten. Er las das Schreiben des Sohnes, in dem dieser seine feste Ueberzeugung von der Wahrheit der katholischen Religion aussprach, bekannte, daß Herzog Maximilian ihn bekehrt und daß ihm die Lektüre des Canisius treffliche Dienste geleistet habe, und zum Schlusse der Hoffnung Ausdruck gab, Gott werde seine Eltern, Geschwister und Verwandten vielleicht auch noch einmal mit Hilfe des heiligen Geistes „zu gleicher Conversion mildiglich leiten und führen."

Bis an sein Lebensende hat Wolfgang Wilhelm den fanatischen Eifer des Apostaten bethätigt, und es ist sehr bezeichnend,

---
*) Mißtrauen.

daß ihm damals schon Ferdinand von Köln ausdrücklich den Gebrauch der Worte „Ketzer und Ketzereien" hatte abraten, dem leiblichen Vater gegenüber hatte abraten müssen.

An seine Brüder schrieb der Neubekehrte bald nach diesen Tagen: „Ich getraue mir sehr wohl, diese von mir angenommene Religion an jenem Tage vor Gott und allen Christgläubigen zu verantworten. Denn da ich sollte gefragt werden, aus was Ursachen ich von der augsburgischen Konfession zu der katholischen Religion mich begeben, könnte ich mit sicherem, unerschrockenem Herzen antworten: Dieweil ich augenscheinlich und handgreiflich gespürt, daß an dieser Religion die reichliche Verheißung Gottes von Ausbreitung seiner Kirche in aller Welt von der Apostel Zeit bis anhero erfüllet, auch zu derselben zu allen Zeiten die Heidenschaft, wie noch, belehret worden, also sie den Namen ‹katholisch› mit Wahrheit allezeit unter so vielen Ketzereien erhalten habe (denn zu dieser sich von sechzehnhundert Jahren her alle Heiligen Gottes, vornehmlich aber die h. Väter in ihren Schriften einhellig bekennet); daß in dieser die ewige, unzertrennte Succession der Bischöfe und aller geistlichen Obrigkeit bis auf die heiligen Apostel selbst ohne einige erweisliche Veränderungen in Glaubenssachen gefunden wird; da doch hingegen die augsburgische Konfession in einem kleinen Winkel der Welt geboren, auch oft verändert und nunmehr nicht allein nicht weiter ausgebreitet, sondern durch Kalvinus und andere also in die Enge getrieben worden, den Namen ‹katholisch› ohne Schimpf und manniglichs Spott nicht führen, auch keinen alten heiligen Lehrer aufweisen kann, der mit ihr in ihren mit uns strittigen articulis übereinstimme und sich denselben nicht ausdrücklich widersetze; mag auch nimmermehr ihrer Lehr und Lehrer ordentliche Kontinuation bis auf die heiligen Apostel darthun, weil sie noch nicht hundert Jahre erreicht, auch vor ihr keine dergleichen Kirche oder Lehre in aller Welt bis auf die Apostel gezeigt werden kann." ——

Kleinmut hatte den Herzog von Neuburg ergriffen. Er brauchte sich nichts vorzuwerfen; mit aller Sorgfalt hatte er den Sohn erzogen — da fiel dieser im fünfunddreißigsten Jahre seines Lebens vom Glauben der Väter ab! Daraus mochte Philipp Ludwig wohl erkennen, daß hier seine Macht zu Ende sei. Doch er wollte dereinst sein Haupt ruhig zum letzten Schlummer legen und beschloß, nichts zu versäumen in dieser trostlosen Sache.

Sogleich forderte er durch einen eigenen Kurier den Sohn zur Verantwortung nach Neuburg. Wolfgang Wilhelm entschuldigte sich: er könne nicht kommen, seine Anwesenheit in den Jülichischen Landen sei unumgänglich notwendig.

Was hätte er auch in Neuburg jetzt noch zu thun gehabt? Schon am 14. Mai war er ja öffentlich zu Düsseldorf übergetreten. —

Johannes Rummel giebt uns in den oben benützten derben, vielleicht aber auch etwas befangenen Aufzeichnungen ein interessantes Bild von jenen Vorgängen zu Düsseldorf:

„Am Pfingsttag (1614) habe ich J. F. G. abermal unterthänig erinnert, daß sehr starke und große Vermuthungen vorgingen, und etliche schier wetten wollen, daß J. F. G. haben heute sollen in der Pfaffenkirche den römischen heiligen Geist empfangen, haben demnach neben Herrn Justo*) und der ganzen Gemeine um der Ehre Gottes willen gebeten, J. F. G. dasselbe nochmals zu Gemüth zu führen; und wo es je wäre heimlich schon geschehen oder noch geschehen solle, daß doch J. F. G. wollten noch etwas pausiren, ob die Sachen noch verglichen werden und Sie zu ruhiger Possession kommen könnten. Denn man wüßte gewiß, J. F. G. Gemahl und Jesuiten hätten keine Ruhe, bis Sie selbige zu ihrer Religion brächten; denn es hieße da, fortiores sunt mulieres,**) Eva hätte den Adam verführt, eine Mohrin den weisen Salomo. — Am Mittwoch haben J. F. G. sich etwas herausgelassen und folgenden Tag gar den Räthen solches angezeigt. Alles Erinnern, Zusprechen, seine Zweifel anzumelden, half nichts; J. F. G. wären schon resolvirt. Darauf am festo S. Trinitatis den 25. May (n. st.) ist der Actus vorgegangen. Was für ein trauriges Wesen und Aussehen gewesen, was für ein Schmerzen und Grainen in der evangelischen Kirche vorgegangen, ist unaussprechlich..." —

---

*) dem Hofprediger.
**) Die Weiber sind die stärkeren.

Daß Wolfgang Wilhelm schon seit längerer Zeit ein Glied der römischen Kirche sei, vermutete damals niemand von seinen Leuten. Noch im September des Jahres 1614 betonten die Räte zu Neuburg, Wolfgang Wilhelm habe sich ja vor der Trauung geweigert, das Gebet mit seiner Braut knieend zu verrichten — deshalb hätten sie unmöglich den wahren Stand der Dinge ahnen können.

Im Mai hatte auch die Pfalzgräfin Magdalena zur Feder gegriffen und ihrer Schwiegermutter einen Brief geschrieben:

Aus kindlicher Affektion erkühne sie sich dazu, und wegen vielfältiger von J. F. G. erwiesenen Gnaden, „in denen dieselben dise Zeitt herum So sie mit ihrem herzliebsten Herren verheiratet worden, ein sonderbare genebigiste und müetterliche affection und lieb gegen sie allzeit erwiesen..." Sie wolle „die etwa empfangene innerliche Wunde" nicht erneuern, sondern, wenn sie nur dazu tauglich wäre, gänzlich wegnehmen. Die Fürstin werde von der Erleuchtung ihres Sohnes gehört haben. Um „keines einigen zeitlichen Respekts willen" wäre er übergetreten. Weil sie aber befürchte, diese Veränderung möchte bei ihren Schwiegereltern „allerlei betrübliche Gedanken" erwecken, da dieselben bisher die consolation, die jetzt Wolfgang Wilhelm und jeder Bekehrte empfände, noch nicht erfahren, so wolle sie gehorsamst und kindlich bitten, die Mutter solle sich nicht nur nicht bekümmern und betrüben, sondern auch ihren Gemahl, Herzog Philipp Ludwig, dahin disponieren helfen, diese Betrübnis auf die Seite zu setzen. Sie bäte, man möge dem Sohn und ihr selbst die Konversion nicht entgelten lassen und die Hand nicht von ihnen abziehen. Wolfgang Wilhelm und sie würden allezeit bis ans Ende ganz gehorsamste Kinder verbleiben. Ohne Unterlaß bäten Wolfgang Wilhelm und sie selbst zu Gott, daß Eltern und Brüder auch bald zur Erkenntnis der Wahrheit kommen möchten. Sicher kämen sie bald dazu, wollten sie nur die einschlägigen Bücher bisweilen lesen. -- [47])

Mit eigener Hand brachte Philipp Ludwig fast alsogleich die charakteristischen, stolzen Worte zu Papier:

„Auf meines Sohnes Gemahlin Schreiben vom 31. Mai

wäre meines Erachtens zu antworten, daß meine Gemahlin, Söhne und ich den schrecklichen und hochbedauerlichen Abfall meines Sohnes, (von dem wir in unserm Alter Trost und Erleichterung unserer auf uns habenden Beschwerden billig hoffen sollten), von wahrer Erkenntnis Gottes und seines heiligen Wortes auf Menschentand mit großem Herzeleid und Bekümmernis verstanden, hätten verhofft, Ihre Libden sollten mit dem .. in der Heiratverschreibung verwilligten freien exercitio der Religion sich begnügen haben lassen, wo sie sich je nit zu unserer christlichen, in Gottes Wort gegründeten Confession bekennen wollen, und solch gemelt hohes und fast unerträgliches Herzeleid uns und den Unsern noch viel tausend Christenmenschen nit verursachet haben. Gott der Allmächtige wolle beiden diese ihre große Fehler zu erkennen geben, sie durch seinen heiligen Geist... wieder erleuchten, und zu wahrem Glauben an ihn durch seinen heiligen Geist wiederum bringen, uns um und von wegen der alleinseligmachenden Verdienst unsers einigen Heilands Jesu Christi willen bis ans End erhalten. Welch s durch fleißiges Lesen seines heiligen Worts und inbrünstiges Gebet zu Gott und nit durch menschliche Witz und Verstand geschehen kann. Dem Ihre L. verhoffentlich getreulich folgen und dadurch uns und die unsern das große Herzeleid wieder in etwas erleichtern werden". [18])

Im Juni ging unter Führung des Grafen Friedrich zu Solms eine feierliche Gesandtschaft nach Düsseldorf. Das Schreiben, das sie überbringen sollte, spricht von dem entsetzlichen Eindrucke, den der schreckliche Abfall auf die betagten Eltern hervorgebracht, von dem jämmerlichen Aergernis, das der Pfalzgraf allenthalben in evangelischen Landen verursacht habe; es beklagt die Unaufrichtigkeit des Sohnes; es bezweifelt, daß der Vielbeschäftigte in so kurzer Zeit „die Weitläufigkeit der Menschensatzungen im Papsttum" ergriffen und damit sein Gewissen befriedigt haben könne; es schleudert ihm mit klaren Worten den Vorwurf ins Antlitz, daß er aus irdischen Rücksichten „in diesen großen Jammer und erbärmlichen Zustand geraten" sei; es verlangt zum Schlusse eine genaue Darstellung des ganzen Herganges. [19])

Zugleich forderte Philipp Ludwig von Wolfgang Wilhelm das bindende Versprechen, daß er alle seine Unterthanen bei der evangelischen Religion Augsburger Konfession allzeit unangetastet belassen wolle.⁵⁰) In dem Reverse, der Wolfgang Wilhelm hierbei zur Unterschrift vorgelegt wurde, ist folgende Bestimmung von besonderem Interesse: Wolfgang Wilhelm verpflichtet sich, keiner Person fremder Nationalität, sie sei hohen oder niederen Standes, in das Fürstentum Neuburg Aufnahme zu gewähren, sondern die Aemter in erster Linie mit geborenen oder ansässigen Neuburger Unterthanen, außerdem im Notfalle nur mit Deutschen und Bekennern der Augsburger Konfession zu besetzen.⁵¹)

Wolfgang Wilhelm weigerte sich, diesen Revers zu unterschreiben, und erst wenige Wochen vor Philipp Ludwigs Tode kam überhaupt eine Antwort von Düsseldorf nach Neuburg. Er bat darinnen die Eltern, sie sollten seinen Uebertritt „nicht also schweren Gemütes aufnehmen." Glaubenssachen seien auch nach Anschauung der Augsburger Konfession freies Werk Gottes und des heiligen Geistes, der da wirke, wo er wolle. Er habe seine ewige Wohlfahrt in sorgfältige Konsideration gezogen, nicht abgefallen sei er, sondern in seiner Vorfahren Fußstapfen getreten. Er stelle den ihm unterschobenen Beweggrund entschieden in Abrede. Mit dankbarem Gemüte wolle er die Erinnerung an die genossene Erziehung nie aus seinem Herzen kommen lassen, aber jeder, namentlich ein erwachsener Mensch, müsse für sich selber Rechenschaft ablegen. Während er seinen Vetter Maximilian habe belehren wollen, sei er durch diesen und durch die Schriften des Canisius zur Erkenntnis geführt worden. Nur aus politischen Gründen habe er mit dem offenen Bekenntnis gewartet. Das weitere Verlangen der Eltern „in negotio religionis"*) habe er mit allem Fleiß erwogen, aber er müsse sich in einer so wichtigen Sache den Rat erfahrener Freunde erholen. Er bäte um Aufschub, doch möge man „keine ungleichen Gedanken" darüber hegen: denn er erbiete sich „in diesen und allen andern Sachen, wie es die göttliche Gebot erfordern und den alten Verschreibungen, Pakten, Verträgen und beschehenen Zusagen gemäß sich jedesmal erzeigen und verhalten" zu wollen... „Derenhalben auch I. F. G. hiebevor jedes-

---

*) in der Religions-Angelegenheit.

mals ja durch offene Patenten sich erklärt, verbunden
und obligirt, den Reversalen: darin das meiste und der
Hauptpunkt dessen, was jetzo von neuem mit etlichen
mehreren Umständen begehrt wird: allbereit versehen,
allerdings nachzukommen, um so viel weniger J. J. F. F.
G. G. Ursach haben, andere Vermutungen in Sinn zu
nehmen oder J. F. G. übel Gewogenen... so großes Ge=
hör zu verleihen, dann einmal J. F. G. an dero fürstlichen
Zusage, so bishero im Reich Teutscher Nation unter
Fürstenpersonen für die höchste und genugsame Obliga-
tion gehalten, keineswegs brüchig werden, sondern denselben fürstliche Folge zu thun und zu den Worten auf
alle zutragende Fäll derselben würklichen Effekt gleich-
falls zu prästieren nicht wollen unterlassen." 52)

Man sieht, Wolfgang Wilhelm legte in diesem bös ver=
schnörkelten Satze ein feierliches Versprechen ab, verpfändete sein
Fürstenwort dafür, daß er die evangelische Kirche seiner Erblande
bereinst nicht zerstören wolle.

Und hernachmals brach er dieses sein Wort.

So wenig wir in allen Fällen das eigene Herz bis in seine letzten
Regungen zu ergründen, geschweige denn die Herzen Mitlebender
zu durchschauen im stande sind, so wenig wird es jemals möglich
sein, zu einem völlig abschließenden Urteile über den so weit hinter
uns zurückliegenden Abfall Wolfgang Wilhelms durchzubringen;
denn Geist und Leib, Wahrheit und Lüge, Irrtum und Bosheit
sind rätselhafte, beunruhigende Mischungen, und gleich den Arterien
und Venen des Blutkreislaufes gehen sie ineinander über, fließen
zu einander auf beinahe unsichtbaren Wegen.

Man benüge sich deshalb auch hier mit den offen zu Tage
tretenden Thatsachen:

Es ist ein einziger Mensch, dem die volle Verantwortung für
eine lange Kette jammervoller Ereignisse aufgelegt werden muß.
Dieser Mensch hat nach seiner eigenen Aussage den folgenschweren
Schritt unternommen im Bewußtsein der Verantwortlichkeit und
getrieben von seinem Gewissen. Nachdem sein Schritt bekannt
geworden, wenden sich die nächsten Blutsfreunde mit Entsetzen von
ihm, dem Vater bricht das Herz; bis zuletzt sagt dieser, daß sein

Sohn einzig und allein durch irdische Rücksichten bestimmt worden sei. Wir vergegenwärtigen uns alle politischen Verhältnisse, zergliedern sie, soweit wir es vermögen, und müssen schließlich bekennen: die Verhältnisse scheinen dem zürnenden Vater recht zu geben. Und doch, die mannigfaltigen, auf uns herabgekommenen schriftlichen Aeußerungen Wolfgang Wilhelms tragen auch da, wo er seinen Schritt am wenigsten zu bemänteln nötig hatte, da, wo man mit der Thatsache seiner Unterwerfung allein völlig zufrieden gewesen wäre, das Gepräge aufrichtigen Strebens nach Erkenntnis, sie offenbaren einen suchenden, tastenden, ringenden Menschen. Wäre Wolfgang Wilhelm, der die Confessio vom 19. Juli 1613 ablegte, in der That einzig und allein aus politischen Gründen in den Schooß der Römischen Kirche zurückgekehrt — dann müßte er für einen vollendeten Heuchler erklärt werden.⁵³)

Philipp Ludwigs Tod.⁵⁴)

Die Gesundheit des alten Herzogs scheint geraume Zeit vor seinem Hintritte nicht die beste gewesen zu sein: Er litt vielfach an Kopfweh, war mit einem Steinleiden behaftet, und zuletzt beschwerte ihn ein lästiges Fußübel. Ohne allen Zweifel aber wurde sein Leben durch die Katastrophe vom 12. Mai gewaltsam abgekürzt.

Der Schlag, von dem sein Haus betroffen wurde, zitterte nach in dem glaubensstarken Christen bis zu seinem letzten Seufzer. „Mir gehts wohl, euch aber übel", äußerte er kurz vor seinem Tode dem Hofprediger Heilbrunner gegenüber, und diesem fuhr dabei das Wort des Bischofs Ambrosius durch die Seele, der von Kaiser Theodosius sagt: dilexi virum, qui, cum iam corpore solveretur, magis de statu ecclesiarum, quam de suis periculis angebatur.*)

Langsam griff die Krankheit um sich. In den letzten sechs Wochen konnte Philipp Ludwig nicht mehr gehen und mußte sich zum Gottesdienste tragen lassen. Widerwillen gegen das Leben hatte ihn ergriffen; „ich für meine Person hätte es genug, ich wollte, daß mich unser Herrgott hätte", sagte er etlichemale.

---

*) Ich habe den Mann geliebt, der sich noch im Angesichte des Todes mehr um den Zustand der Kirche ängstigte als um die eigene Gefahr.

Trotzdem aber beteiligte er sich wie immer am Tischgespräche und erledigte bis zum letzten Morgen seines Lebens mit unerschütterlicher Treue alle laufenden Geschäfte. Gehorsam unterzog er sich den Anordnungen der Aerzte, citierte wohl auch einmal scherzend den Spruch aus Syrach „wenn der Arzt schon lang dran flicket, so heißt es doch, heut König, morgen tot", und noch glaubte man keine direkten Besorgnisse hegen zu müssen.

Es kam anders. Am Morgen des 12. August, einem Freitage, genau drei Monate nach Empfang der Hiobsbotschaft aus Düsseldorf, zeigten sich beängstigende Erscheinungen. Philipp Ludwig erhob sich gleichwohl vom Lager, ließ sich ankleiden, setzte sich in einen Lehnstuhl und versenkte sich in die gewöhnliche Morgenandacht. Vizekanzler Dr. Heuchelin erschien zum Vortrage und erstattete Bericht über eine zwischen D. Heilbrunner und M. Schram entstandene Irrung, und der Fürst ergriff bei dieser Gelegenheit zum letztenmale die Feder. Dann stellte sich auf ergangenen Befehl D. Heilbrunner vor seinem Herrn ein und spendete ihm Trost aus Gottes Wort. Philipp Ludwig sprach ihm seinen Dank aus und meinte, er möchte das heilige Abendmahl empfangen. Da er sich aber nicht so gar unwohl fühlte und auch gerne zugleich mit seiner Gemahlin und seinen Söhnen August und Johann Friedrich und dem Hofstaate kommuniziert hätte, so ordnete er die Feier auf den Sonntag an.

Nach zehn Uhr wurde das Mittagsmahl aufgetragen. Herzogin Anna, zwei Aerzte, der Kammerjunker und der Hofprediger Heilbrunner waren zugegen. Unmutig rügte der Kranke, daß sein Gedecke nicht ordentlich aufgelegt wäre. Man beeilte sich, seinen Willen zu thun. Philipp Ludwig aß etwas Erbsenbrei, nahm zwei Schlücklein vom Tafelgetränke und schlief plötzlich, fast unvermerkt zur ewigen Ruhe hinüber.

Betend stand Heilbrunner neben dem Entschlafenen, das Sterbezimmer füllte sich, Herzog August, Graf Friedrich von Solms und viele Adelige kamen, umringten den geliebten Toten und falteten die Hände zum Gebete für den Vielgeprüften, der aus einem Meere von Trübsal und Bitterkeit schlafend hatte landen dürfen in der ewigen Heimat.

* * *

Noch etliche Tage vor seinem Hintritte hatte Philipp Ludwig befohlen, seinen Leichnam ungeöffnet, aber einbalsamiert und angethan mit seinem alltäglichen Gewande in der Schloßkirche aufzubahren und hernachmals die Beisetzung in der Fürstengruft zu Lauingen ohne sonderliches Gepränge vorzunehmen. Dieser letztwilligen Anordnung wurde entsprochen.[55])

Die provisorische Regierung lag in den Händen der bisherigen Räte. Drei Monate nach Philipp Ludwigs Tode sollte das Testament eröffnet werden.

Von „Weinen, Heulen und Wehklagen" widerhallte das Schloß und die Stadt, als sich die Todeskunde verbreitete. — —

Aller Augen waren nach Düsseldorf gerichtet. Schwül war die Luft. Man fühlte es, ein furchtbares Gewitter zog von dort heran.

Gerüchte schwirrten aus den Gemächern des Schlosses, aus den Schreibstuben der Räte hinaus ins Land. Bis in die entlegensten Teile des Fürstentums drang die Rede: An dem plötzlichen Tode des Vaters trägt kein anderer Schuld als der abgefallene Sohn. Und weiter hieß es, daß Herzog August dem Bruder sofort nach dem Ableben Philipp Ludwigs auf Grund des abgeänderten Testaments in einem scharfen Schreiben seinen Regierungsantritt kundgegeben habe. Wohl das ganze Volk beschäftigte sich mit dem Thronwechsel, der so tief in alle Verhältnisse einzugreifen drohte. Mit Scheu nur dachte man an den rechtmäßigen Erben, über dessen Haupte von vorneherein der Unsegen zu ruhen schien, und schon im August kam die Sage nach Weiden, Wolfgang Wilhelms Gewissen erwache, die Schwermut habe ihn aufs Krankenlager geworfen, ganz gegen seine sonstige Lebensgewohnheit trinke er stark, sei fast niemals nüchtern, wenn es Nacht werde.[56])

Im Schlosse zu Neuburg scheint nach Eintritt der Katastrophe eine gewisse Ratlosigkeit geherrscht zu haben. Daß die Witwe nichts hören wollte von den Geschäften der Regierung, die bringend einer sofortigen Erledigung harrten, ist erklärlich; im hohen Grade befremdlich aber ist es, daß August und Johann Friedrich die Entscheidung über wichtige Dinge ihren Räten überließen.

Wenige Tage nach Philipp Ludwigs Ableben schickte Maximilian von Bayern den Oberstjägermeister von Weushin mit dem Auftrage, die Rechte des Erstgeborenen zu wahren und die Regierung in die Hand zu nehmen. Die jungen Herren überließen es den Räten, in München zu protestieren. Natürlich ohne Erfolg. Am 12. September langten die von Wolfgang Wilhelm bestellten „Regenten" an und forderten bald mit Ungestüm, es sollten alle Räte, Beamte und Diener auf den neuen Landesherrn verpflichtet, die Regierungsgeschäfte aber bis zur Herauskunft des Pfalzgrafen in dessen Namen unter Vorsitz Augusts und Johann Friedrichs geführt werden. Die Neuburger Räte waren in zwei Parteien gespalten; die einen neigten sich, wie das so geht, dem aufsteigenden Gestirne zu, die andern wollten dem Toten die Treue halten und ihren Posten behaupten bis zur Testamentseröffnung. August und Johann Friedrich scheinen wieder nicht mit der nötigen Festigkeit aufgetreten zu sein und erreichten am Abend des 17. September mit Mühe, daß die Abgeordneten ihres Bruders sich bis zum Eintreffen einer Entschließung aus München ruhig verhalten wollten.

Allerdings war ihre Lage eine ungemein schwierige: Die Kassen waren erschöpft, das ganze Land besaß keinen einzigen festen Platz, Neuburg, mit dessen Fortifikation Philipp Ludwig wenige Jahre vorher angefangen hatte, schien jeder Ueberrumpelung preisgegeben, seine ganze Besatzung belief sich nach einem Berichte des kurpfälzischen Gesandten in diesen Tagen auf sechzig Mann — und Wolfgang Wilhelms Rechte hatten in Herzog Maximilian den stärksten Schutz.

Kein Wunder, wenn in jener schweren Zeit die tollsten Gerüchte in Neuburg umherliefen und schließlich ein allgemeines Mißtrauen Platz griff. So hieß es, während die Leiche des Vaters noch der Beisetzung harrte: Wenn dem Herzog Maximilian nicht bald ein Erbe geboren wird, so begibt sich der Kurfürst von Köln in den Ehestand und Pfalzgraf Johann Friedrich wird Erzbischof an seiner Stelle. Und deshalb stehe auch, so raunte man sich weiter zu, der jüngste, etwas schwach begabte Bruder mit dem ältesten seit dem Tode des Vaters in so eifriger Korrespondenz. —

So mag denn der Hofprediger Heilbrunner den Hinterbliebenen und dem leidtragenden Volke aus tiefer Seele gesprochen haben, als er am 19. September in der Hofkirche zu Neuburg vor der Bahre seines Herrn in die Worte ausbrach: „Er wird gleichsam in seiner Schlafkammer sicher und ruhiglich schlafen und alles Unglücks, so noch über das geliebte Vaterland um unserer Sünde willen kommen mag, geübrigt sein, dasselb weder sehen noch empfinden, bis Christus der Herr mit der allem Ansehen nach nächstvorstehenden Klarheit seiner Zukunft dieser bösen Welt ein Ende machen wird ... Es hat leider das Ansehen, als werden wir mit dem fürstlichen Leichnam alles Glück und Heil aus diesem fürstlichen Haus, insonderheit aus dieser fürstlichen Hofkirchen hinwegführen, man werde sich mittlerweil unterstehen, das Meßopfer darinnen aufzurichten, die Zuhörer von dem rechten, einigen Weg zum ewigen Leben abzuführen ..., von dieser Kanzel die reine Lehr aufs ärgste zu verlästern. Wir wollen zwar ein anderes und besseres hoffen, darum wir unsern lieben Gott herzlich anrufen und bitten; es werden aber Leut sein, die den künftigen Landesfürsten stark dazu instigieren werden."

III. Die Arbeit der Jesuiten.

primo diligenti instructione seductorum,
deinde minis, propositione immunitatis,
praepositis praemiis, denique obstinatorum eiectione. *)
Caraffa.

Gute Schutzbriefe besaß die evangelische Kirche Pfalz-Neuburgs, für „ewige Zeiten" schien ihr Bestand gefestigt zu sein. Was Ottheinrich den Landständen garantiert hatte, das war nach ihm von Herzog Wolfgang und Herzog Philipp Ludwig bestätigt worden, und was Ottheinrich und Wolfgang noch außerdem ihren Nachfolgern in letztwilligen Verfügungen eingeschärft hatten, das hatte auch Philipp Ludwig in ein frühzeitig abgefaßtes Testament aufgenommen. Ein Jahr vor seinem Hintritte hatte er Wolfgang Wilhelm den Ständen als künftigen Landesherrn vorgestellt und ihn bei dieser Gelegenheit veranlaßt, sich durch sein Fürstenwort „zu steifer Haltung des väterlichen Testaments" zu verpflichten.

Aber nichts von dem allen konnte den neuen Landesherrn hindern, eines Tages eben doch mit einem Federzuge seinen Unterthanen einen Wechsel des Bekenntnisses zu befehlen; denn im Religionsfrieden vom Jahre 1555 stand es geschrieben als ein Reichsgrundgesetz: „Wem das Land gehört, der hat auch das Bekenntnis zu bestimmen."

Und alle klardenkenden Leute dürften es vorausgesehen haben, daß der katholisch gewordene Wolfgang Wilhelm über kurz oder lang diesen Federzug thun müsse.

Ja schon begannen Vorsichtige hier und dort ihre Habe zu verkaufen und das Vaterland zu verlassen,[57]) und man hörte auch, daß viele Unterthanen sich wechselseitig mit schweren Eiden gegen das „Papsttum" verbunden hätten.

---

*) Die Stufenfolge, in der die Gegenreformation von den Jesuiten durchgeführt wurde: Unterricht — Drohung — Lockung — endlich Vertreibung der Standhaften.

Noch war Wolfgang Wilhelm am Rheine festgehalten. Aber die bösen Stimmungsberichte aus der Heimat veranlaßten ihn, ein beruhigendes Manifest zu senden. In diesem argen Schriftstücke verwahrte er sich gegen die Unterstellung „widriger Leute", als wolle er seine Unterthanen zu einem andern Glaubensbekenntnisse „nötigen und bringen", betonte, aus solchem Wahne könne leicht eine große Schwächung ihres Respekts und Gehorsams entstehen, und versicherte deshalb, „mit treuem Ernst und Eifer ob den Reversalen halten" und in allem seinem Thun „Gottes Ehre, des Vaterlandes Wohlstand und die geliebte Gerechtigkeit ohne Ansehen der Religionsdifferenz in acht nehmen zu wollen." 55)

Am 21. Februar des Jahres 1615 hielt er endlich seinen Einzug in Neuburg. Sofort nahmen die Jesuiten Besitz von der Schloßkirche, weihten sie provisorisch 59) für den römischen Kultus ein und stäupten die Kanzel, von der zweiundsiebenzig Jahre lang Luthers Lehre geprebigt worden war, mit Ruten — zum Zeichen, daß nun der Ketzerglaube vernichtet wäre. Am Abend zuvor hatte man dem Hofprediger des seligen Pfalzgrafen, Jakob Heilbrunner, Bibel und Kirchenordnung zugestellt, und der betagte Mann, der vor Zeiten um seiner Ueberzeugung willen zuerst eine angesehene Stellung in Zweibrücken aufgegeben, hernachmals aus gleichem Grunde die Generalsuperintendentur der Oberpfalz niedergelegt und dann ein Menschenalter lang den Hofpredigerposten in Neuburg bekleidet hatte, mußte am Abend seines Lebens wiederum den Wanderstab ergreifen. Er zog im gleichen Jahre, — seine alten Feinde, die Jesuiten, hatten ihn noch mit einem Religionsgespräche überfallen, — zu der Pfalzgräfin-Mutter nach Höchstätt, kehrte von dort in seine Heimat Württemberg zurück, wurde Abt von Bebenhausen und beschloß als Greis von einundsiebenzig Jahren sein wechselvolles, allerorten gesegnetes Leben, nachdem er am Tage zuvor mitten unter dem Gebete auf der Kanzel von einem Schlaganfall betroffen worden war. Die Verhältnisse hatten es mit sich gebracht, daß er nicht nur leiden, sondern auch da und dort kräftig streiten mußte für seinen Glauben. Aber mit nichten ist er den Geistlichen jener Zeit beizurechnen, die im Kampf ihren Beruf und ihre Freude fanden: er war im Grunde seines Wesens ein Mensch von aufrichtiger, einfältiger Frömmigkeit, und die Jesuiten, denen er zu Regensburg so scharf zugesetzt hatte, sagten spottend, er könne nichts als beten. —⁶⁰)

Sehr bald nach Ankunft des Pfalzgrafen schickten die Bischöfe von Eichstädt, Augsburg und Regensburg einen Vertrauensmann nach Neuburg und ließen im tiefsten Geheimnis die Absichten des neuen Landesherrn sondieren.

Wolfgang Wilhelm nahm den Gesandten freundlich auf und ließ sich von ihm einen Vortrag über die Meinung der Bischöfe halten. Diese ging dahin, daß man auf Umwegen, nach und nach, zum Ziele streben müsse — denn den schleunigsten Weg zur Vollbringung des schweren Werkes, die gewaltsame Einführung der katholischen Religion, hielt man auch in Eichstädt, Augsburg und Regensburg für verfrüht und allzu gefährlich. Deshalb sollte vor allem der Uebertritt zur römischen Kirche jederman freigestellt, eifrige lutherische Beamte sollten durch gleichgültige, am liebsten durch katholische ersetzt, den Prädikanten das Schmähen der katholischen Religion bei Strafe untersagt, katholischen Landsassen die Entfernung der ihnen unterstellten lutherischen Geistlichen gestattet, der Durchzug von Prozessionen erlaubt und der Gregorianische Kalender eingeführt werden.

In seiner Antwort betonte Wolfgang Wilhelm die Gründe, die auch ihn zu sachtem Vorgehen zwängen: die mächtige protestantische Nachbarschaft, die Verwickelungen in den Jülichischen Landen, den Widerstand der Brüder, die Klausel im väterlichen Testamente — selbst die Gefahr eines Aufstandes. Aber mit größter Bereitwilligkeit ging er auf die Vorschläge ein und ergänzte sie sogar noch in mancher Beziehung.

Deshalb rieten die Bischöfe noch einmal, der Herzog sollte alles, was den Anschein des Zwanges hätte, vor vollzogener Huldigung des Volkes und vor Abschluß des mit den Brüdern zu treffenden Vergleichs unterlassen, auf dem nächsten Landtage aber die Erklärung abgeben, daß er niemand zur katholischen Religion wider seinen Willen zwingen werde, daß die Lutheraner bei ihrer Meinung ohne Drangsal bleiben dürften, und dergleichen mehr.⁶¹) Dagegen versprachen sie, an den Grenzen tüchtige Jesuiten anstellen zu wollen.

Die weitere Entwickelung der neuburgischen Verhältnisse aber zeigt, daß dem Pfalzgrafen die Befolgung dieser Ratschläge nicht schwer fiel. Ohne Beiziehung der von Philipp Ludwig bestimmten Vollstrecker öffnete man im Herzogschlosse zu Neuburg das väterliche Testament, und Wolfgang Wilhelm erklärte, gestützt auf seine mächtigen Verbündeten, daß er die Eventualbestimmungen des Vaters nicht anerkenne. Darauf schritten die Brüder zur Stipulierung eines Vertrages über das Erbe Philipp Ludwigs.

Wollten nun August und Johann Friedrich eine Garantie für die Fortdauer des evangelischen Bekenntnisses in ihren Erbämtern erlangen, so mußten sie die Aufnahme einer Klausel in diesen Vertrag erzwingen. Sonst hingen sie fortan lediglich von Wolfgang Wilhelm und den Jesuiten, im besten Falle von Gunst und Ungunst der Zeitläufte ab. Und weil sie diese Gefahr mit aller Kraft verhindern wollten, gestaltete sich der Abschluß des Vergleichs zu einem schweren Stück Arbeit. Aber Wolfgang Wilhelm hatte von vorneherein erklärt, daß er der Religion halben dem väterlichen Testamente nicht „nachgehen", auch deshalb in den Vergleich nichts einsetzen lassen, „auch weder Gott an dem, so er seiner Allmacht zu leisten schuldig, etwas begeben, noch sich selbst derjenigen Rechte, so der Religionsfriede dem Landesfürsten zuerkenne, berauben lassen könne." Allem Drängen gegenüber blieb er fest, erklärte im Bewußtsein der Uebermacht, den „Streit lieber auf rechtliche Erkenntnis stellen" als nachgeben zu wollen, und da August und Johann Friedrich im Falle weiteren Widerstandes die Sperrung ihres Erbes vor Augen sahen, fügten sie sich und unterzeichneten im Juli 1615 den Vergleich:[62])

Wie es der alte Herzog einstmals, ehe das Unglück über sein Haus hereingebrochen war, bestimmt hatte, so wurde es auch gehalten: Pfalzgraf August bekam das Amt Sulzbach, die Hälfte von Parkstein und Weiden und die Pflege Floß, Johann Friedrich die Aemter Hilpoltstein, Heideck und Allersberg, kleine Ausschnitte aus der ohnedies so kleinen jungen Pfalz. Ihr Verhältnis zu Wolfgang Wilhelm aber war klar vorgezeichnet: wie einst in Zeiten herzlicher Eintracht Philipp Ludwig die Oberhoheit besessen hatte über seine Brüder Ottheinrich von Sulzbach und Friedrich zu Vohenstrauß, so war auch jetzt der katholische Pfalzgraf von Neuburg der Landesherr über die Gebiete seiner protestantischen Brüder.

* * *

Die Hinterlassenschaft des alten Philipp Ludwig war geteilt. Mutter und Brüder hatten die Stadt geräumt — die Bahn stand offen, und die Jesuiten konnten vorwärts gehen.

Mit einer geradezu abergläubischen Furcht sah man ihnen entgegen. Wir besitzen dafür ein wunderliches Zeugnis aus dem Familienkreise des Neuburgischen Hofes. Bald nach Wolfgang Wilhelms Einzug in Neuburg schrieb die Pfalzgräfin Dorothea Maria, Witwe des Pfalzgrafen Ottheinrich von Sulzbach, eine in allerlei Heilkünsten wohlerfahrene Frau, von ihrem Witwensitze Lützelstein an Herzog August einen Brief und schickte ihm ein Mittel aus ihrer Apotheke. Der Brief, den der Empfänger sorgsam zu den Akten legen ließ, lautete wörtlich:

„ich bitte E. L. ganz freundlich sie wollen sich der Meßpfaffen erwehren, daß sie sie nit in iren landen haben müssen, sie wollen sich auch neben iren Jüngsten Bruder wohl vorsehen, daß ihnen von den Jesuitern in Essen oder Trinken nichts beigebracht werde, sie nemen das Schlangenpulver einmal oder drei ein, so schadet es E. L. nicht, wann sie was bekommen, dann sie könnens den Leuten thun, daß sie irer Religion werden müssen, oder wo sie sehen, daß sie die Leut nit zu irer Religion bringen können, so geben sie inen etwas, daß sie ihr Leben lang närrisch in Köpfen sein. Ich hab ein büchlein, da stehen alle ihre böse Stück darinn, daß man sich wol vor ihnen vorzusehen hat. Ich bitte aber E. L ganz freundlich, sie wollen mirs nit unfreundschaft(:lich:) aufnehmen, daß ichs derselben schreib. Gott weiß, daß ichs gut meine." 6.[1])

Dieser Brief einer besorgten Frau, der Versuch, die Neffen gegen die anrückenden Jesuiten auf homöopathischem Wege durch Schlangenpulver „fest" zu machen, erscheint bei näherer Betrachtung viel weniger komisch als vielmehr rührend. Ist es nicht, als stünde zwischen seinen Zeilen die naive Ansicht zu lesen: Ohne jesuitische Zauberkünste wäre überhaupt das ganze Unglück nicht über Pfalzneuburg hereingebrochen?

So dachte man am Hofe von den kommenden Männern — wie mag es da erst um die Stimmung des gemeinen Volkes beschaffen gewesen sein!

Aber die Jesuiten gingen langsam vorwärts und traten mit gebührender Vorsicht auf — bis sie das Terrain kannten und alle Hebel der Gewalt in den Händen hatten. Dann allerdings wurde Wolfgang Wilhelm von ihrer unerbittlichen Konsequenz von Schritt zu Schritt getrieben, vielleicht auch oft zu Entschlüssen veranlaßt, die er mit dem letzten Reste protestantischen Bewußtseins verabscheute.

Als ihm ein halbes Menschenalter nach seinem Regierungsantritte auf einem Kollegialtage zu Regensburg Pfalzgraf August im Vereine mit mehreren Gesandten seinen rücksichtslosen Eifer vorwarf, machte er, in die Enge getrieben, das Geständnis: Er wollte zwar die evangelische Religion in seinem Fürstentum gerne tolerieren, wann es nur in seinen Mächten stünde; aber er dürfe von des Papstes und des Kaisers Beichtvaters wegen solches nicht thun. Deshalb sagte man auch hernachmals bei Gelegenheit in Sulzbach mit vollem Rechte, Wolfgang Wilhelm sei nicht mehr sui iuris, sondern hänge ab von Wink und Willen der Jesuiten und müsse thun, was diese haben wollten. —[64])

Im November des Jahres 1615 trat der Landtag zusammen, der diesmal wieder eine große Geldhilfe für den Jülichischen Prozeß bewilligen sollte. Wie zu erwarten gewesen, verlangte er vom neuen Herrn die Fortbauer freier Religionsübung.

Der Herzog gab die feste Zusage, daß er niemanden zur Aenderung der Religion zwingen wolle — aber eine Garantie für die Fortbauer der Religionsübung, also der lutherischen Kirche überhaupt, erteilte er nicht.

Als Antwort darauf verweigerten die Stände jede Geldhilfe.

Da bedachte Wolfgang Wilhelm, daß es im Grunde doch ein recht gebrechlich Ding wäre um das Rückgrat des Menschen, lud die ganze Versammlung in das Schloß, ließ Wein und Süßigkeiten auftragen und rief die Landstände einzeln in sein Kabinet. Dort schmolz in der Wärme huldvoller Ansprache so manchen Mannes Herz wie Wachs, und nach kurzer Zeit war das Werk geschehen, die Lage geklärt: Die große Masse trat auf die Seite des Fürsten, nur ein kleiner Bruchteil unbeugsamer Charaktere, sieben an der Zahl, schied aus, und über ihren Führer, den Landschaftskommissär Lemblein, den Liebling des verstorbenen Pfalzgrafen, ergoß sich ungehindert die volle Schale der Ungnade.

In jenen Tagen aber, wo das letzte Bollwerk des Protestantismus fiel, gebar Magdalena einen Knaben. Er bekam die Namen Philipp Wilhelm, Spanien und Bayern standen Gevatter an seiner Wiege. Und was Wolfgang Wilhelm kurz vorher an seinem eigenen Vater gefehlt hatte, das sollte ihm durch diesen Sohn vergolten werden: In der nach langen Jahren noch immer nicht geschlichteten Jülicher Sache zerfiel der Erbprinz mit seinem greisen Erzeuger und hinterging ihn, wie dieser einst den alten Philipp Ludwig durch sein falsches Spiel hintergangen hatte. [65])

* *
*

Schritt für Schritt ging im Neuburgischen die katholische Restauration auf ihren fest vorgezeichneten Wegen weiter. Bei den Kindern setzte man ein, wo mit den Alten noch nichts zu machen war. So ließ man zu Neuburg im Sommer des Jahres 1615 allsonntäglich Christenlehren abhalten, in denen eine Kindergruppe die lutherischen, eine andere die römischen Glaubenssätze verteidigen mußte, und der Herzog pflegte in eigener Person mit seiner Gemahlin diesen theatralischen Spiegelfechtereien, deren jedesmaliger Ausgang leicht zu erraten ist, anzuwohnen. Bei allen Gelegenheiten aber ward der volle Pomp des römischen Kultus entfaltet. [66])

Im Dezember desselben Jahres noch erschien das Mandat, das die Gleichstellung der katholischen Religion mit der protestantischen verkündete und im einzelnen alles das anordnete, was man ehedem im Vereine mit den drei Bischöfen in Aussicht genommen hatte.

Die Folge davon war, daß im Jahre 1616 überall, wo es nur immer anging, zunächst eine Art von Simultaneum eingerichtet wurde. Die Jesuiten zogen durch das völlig protestantische Land, lehrend, belehrend und auch rücksichtslos bedrückend, überall gestützt auf einen weitern Befehl des Pfalzgrafen, daß die Unterthanen ohne Unterschied dem katholischen Gottesdienste anwohnen, die Kinder von katholischen Priestern getauft, die Ehen nach katholischem Ritus eingesegnet werden müßten.⁶⁷)

Im Herbste desselben Jahres kündete man allen lutherischen Geistlichen den Dienst und befahl ihnen, nach einem Vierteljahre die Pfarrhöfe zu räumen. Mit rücksichtsloser Strenge ward diese Maßregel hernach an der Schwelle des Winters durchgeführt und zugleich allen den Geistlichen, die sich noch in Privatwohnungen aufhalten wollten, die Seelsorge, ja auch jegliches Gespräch mit den Landesunterthanen verboten.⁶⁸)

Das Jahr 1617 kam heran. In allen protestantischen Landen rüstete man sich zur ersten Säkularfeier der Reformation. Auf römischer Seite verbreitete man da und dort ein „hohes Lied" auf dieses Jubeljahr, höhnte darin im Hinblick auf die Zerwürfnisse innerhalb des Protestantismus

„Ein Wolkenfahn und Wetterhahn
Wars Luthers Lehr von Anfang her;
Soll man dann triumphieren?
Izt Nein, izt Ja, izt Gelb, izt Grau,
Izt grad, izt krumb — ist's Luthertumb;
Soll man da jubilieren?"

und lockte

„Kehr wiederumb zu dem Papsttumb,
Komm wieder her zur alten Lehr,
Thu's, thu's in Gottes Namen:
Da ist fürwahr das Jubeljahr,
Welches hie anfängt und dort gelangt
Bis in den Himmel. Amen." ⁶⁹)

Für Pfalz-Neuburg ward das Jubeljahr 1617 ein Jahr des Schreckens. Die erdrückende Mehrzahl der armen Landeskinder vermochte es nicht einzusehen, warum es nun auf einmal aus sein sollte mit dem Glauben ihrer Väter, ganz aus und vorbei — nur weil jener Eine seine Kniee in der Messe gebeugt hatte, und die wenigsten besaßen die Augen jenes Konvertiten und ehemaligen Predigers Thomas Veith, der damals „die ganze Landschaft durch die Güte und Barmherzigkeit Gottes mit dem Glanze der göttlichen Wahrheit erleuchtet" zu sehen vermeinte.⁷⁰) —

Werfen wir zunächst einen Blick auf die Vorgänge in Neuburg:⁷¹)

Sechs Jesuitenpatres, zwei Magister und drei Laienbrüder wirkten während des Jahres 1616 an der Bekehrung der Bürgerschaft. Aber die Früchte ihrer Arbeit waren sehr gering. Nur sechzig Personen leisteten in jenem Zeitraume dem Rufe Folge und verleugneten ihren Glauben.

Im Dezember desselben Jahres hob man die blühende Lateinschule auf und gründete an ihrer Stelle eine von Jesuiten geleitete Anstalt.

Bis um die Mitte des Jahres 1617 besaßen die Evangelischen noch beide Pfarrkirchen, die Katholiken hielten ihre Gottesdienste in der Vorstadt und in der Schloßkirche. Da kündete der Herzog am 28. Juni 1617 mit einem Schlage allen evangelischen Geistlichen die Aemter und ließ der auf dem Rathause versammelten Bürgerschaft eröffnen, sie solle nunmehr den als katholischen Pfarrer angestellten Magister Heidelberger für ihren Seelsorger anerkennen. Umsonst beschwor der Rat in einer Bittschrift den Landesherrn, es möge um Gottes Barmherzigkeit und des jüngsten Gerichts willen der Bürgerschaft die Religionsübung an irgend einem Orte gestattet werden; sie würde sich selbst einen Pfarrer halten, von Haus zu Haus für seinen Unterhalt sammeln. Der Pfalzgraf betonte in seiner Antwort, er wolle seine Unterthanen nicht beschweren, sondern sie zeitlicher und ewiger Güter teilhaftig machen. Deshalb habe er die Prediger abgeschafft, die ihnen an der Erlangung jener Güter hinderlich gewesen, und könne auch nicht einsehen, warum er diese wohlbedachte Verordnung abändern und seine Unterthanen in ihren wissentlichen Irrtümern stärken solle. — —

Das leichteste Spiel hatten die Bekehrer im Kranken- und Siechenhause, gegen das sie sich zuerst wandten. Mehr Widerstand bereiteten ihnen die noch kräftigeren Pfründner. Gleich einem Wall aber stand die Bürgerschaft.

Im Dezember des Jahres 1617 waren im ganzen Fürstentum nur noch zwei evangelische Kirchen übrig. Diese gehörten dem energischen, am Hofe hochangesehenen Landsassen Otto Erlbeck, lagen in der Nähe von Neuburg und wurden nun in dieser schweren Zeit an Sonn- und Feiertagen von Scharen der bedrängten Protestanten aufgesucht. Da erging ein strenges Gebot des Pfalzgrafen, es dürfe niemand mehr dorthin „auslaufen". Die Thore Neuburgs wurden an Sonn- und Feiertagen gesperrt, jene Kirchen streng überwacht, die Namen ihrer Besucher dem Landesherrn angezeigt.

Aber so groß war die Sehnsucht nach dem evangelischen Gottesdienste, daß die Bedrängten trotzdem noch bis in die Mitte des Jahres 1618 in Haufen „ausliefen". Wolfgang Wilhelm sah sich genötigt, abermals ein Verbot ergehen zu lassen und den Widerspenstigen Strafe an Leib und Leben anzudrohen — zugleich aber beschloß man jetzt, zum letzten Mittel zu greifen und die Bürgerschaft einzeln, Mann für Mann, unter die Bekehrungsschraube zu nehmen.

Die zu diesem Zwecke für eine eigene Kommission entworfene Instruktion befahl: „Die Gehorsamen sollten ermutigt, die, welche Unterricht nehmen wollten, an die Patres oder andere katholische Priester verwiesen, denen aber, welche keine Hoffnung der Bekehrung übrig ließen, sollte bedeutet werden, daß jedes Auslaufen im Wiederholungsfalle mit immer erhöhter Strafe heimgesucht werden würde und daß, wenn sie sich gar nicht zu fügen gedächten, ihnen vergönnt wäre, ihre Wohlfahrt auswärts zu suchen. Entschieden sie sich für die Auswanderung, so wäre ihnen ein bestimmter Termin zum Verkaufe ihrer Güter zu setzen. Allen aber müßte mit Handgelübde das tiefste Stillschweigen über diese Verhandlungen auferlegt werden, damit keiner den andern ermutige, und deshalb wäre gar dienlich, wenn Rat und Bürgerschaft in eine Stube des Rathauses geschafft und dann einer nach dem andern in der Kommissäre Gemach gerufen, von da aber durch eine besondere Person bis vor das Rathaus gebracht würden..."

Wir glücklichen Kinder eines neuen Zeitalters vermögen uns

von den entsetzlichen Bedrückungen einer derartigen gewaltsamen Religionsänderung auch mit Hilfe der Phantasie nur eine ganz unvollkommene Vorstellung zu machen: In allen Tiefen wurde das Volk aufgewühlt, alle seine Lebensverhältnisse wurden in Mitleidenschaft gezogen. Und war auch der Widerstand groß — das, was ihn brechen konnte, stand ihm nicht nach: die Sorge ums tägliche Brot, die Furcht vor der Fremde, die Liebe zur Heimat, all das half getreulich zusammen, daß sich gar bald die Schwachen von den Starken sonderten.

Von 476 Neuburgern, die man so während der nächsten Wochen in Arbeit nahm, fielen etliche und dreißig sofort um, 78 erklärten sich zur Unterweisung bereit, alle übrigen blieben standhaft. Verschieden, wie die Menschen sind, lauteten auch die zu Protokoll genommenen Antworten der Verhörten:

„Der Hofziegler sagte, wenn es Ihre Durchlaucht befehlen, wolle er auch katholisch werden und sich noch besser unterrichten lassen. Der Schreiber Johann Ruff: wenn er von Ihrer Durchlaucht nochmals könnte befördert werden, wolle er sich gerne akkomodieren. Hanns Golling: sei in fürstlichen Diensten, wolle gehorsamen. Melchior König: weil er in Amt und Land, wolle er parieren. Der Zimmermann Thomas Reißner: arbeite Ihrer Fürstlichen Durchlaucht ins Haus, wenn ihn Gott anders erleuchte, wolle er folgen. Der Maurer Georg Guldmann: die Kirche, die seinem Herrn gut genug sei, sei es ihm auch."

Dieser letztere war jedenfalls das Ideal eines Bürgers nach dem Grundsatze cuius regio, eius et religio.*)

Dagegen „sagte der Schlosser Hanns Sachs: die zwei Tage, welche er noch zu leben habe, begehre er in dem Glauben zu leben, darin er geboren sei; komme es zur Auswanderung, so müsse er mit Hiob sprechen — der Herr hat es gegeben, der Herr hat es genommen. Der Bäcker Hieronymus Zettel wünschte als ein alter Mann nicht mehr vom wahren Glauben abstehen zu müssen. Der Schreiber Georg Kolb sagte: er gedächte beim evangelischen Glauben zu bleiben und also müßte er seine Gelegenheit anderswo suchen. Die Wittwe Ursula Ziegler: Gott sei ein Beschützer der Wittwen und Waisen und werde sie schon erhalten.

---

*) Wem das Land gehört, der hat auch das Bekenntnis zu bestimmen.

Der Schuster Paul Figler: er sei um des Glaubens willen schon aus Steyermark ausgewandert und wolle, wenn er auch die katholischen Kirchen besuche, doch bei seinem Glauben bleiben."

* * *

Wie in Neuburg, so ging man im ganzen Lande vor, und wie in Neuburg, so verhielten sich auch draußen in Städten und Märkten und Dörfern die Menschen. Beängstigend war der Widerstand in Lauingen, das schon durch sein Gymnasium als eine Hochburg des Protestantismus galt. Der Aufruhr tobte durch die Straßen — aber man wußte ihn durch Entfaltung einer bedeutenden Truppenmacht rasch zu dämpfen. Die Blüte der Bürgerschaft wanderte aus. Und wie der Kern der Zurückgebliebenen, die aus Armut nicht auswandern konnten, wie das Land überhaupt gesinnt war, das zeigte sich während der Schwedenzeit: Mit Steinwürfen verjagte der Pöbel in Lauingen den katholischen Geistlichen, schon am 7. November 1632 konnte daselbst eine Synode abgehalten werden, bei der gegen vierzig Prediger anwesend waren[72]) — und als nach kurzer Unterbrechung der römische Kultus wieder hergestellt worden war, da hatte die Staatsgewalt noch lange Zeit schwer zu kämpfen gegen den versteckten Widerstand der Unterdrückten.[73]) —

Von größtem Interesse ist es, das zu lesen, was die Jesuiten selbst über ihre Thätigkeit auf dem Nordgau, in den weit von Neuburg entlegenen Aemtern der jungen Pfalz, in den Städten und Märkten Burglengenfeld, Hemau, Velburg, Schwandorf, Regenstauf und anderen niedergeschrieben haben.

Auch hier brach der Jammer im Jubeljahre der Reformation herein, und auch hier zeigte es sich, mit welcher Zähigkeit das Volk an seinem Glauben festhielt. „Da die Einwohner" — schreibt der Jesuit Julius Cordara in seiner Jesuitengeschichte — „seit einer Reihe von Jahren mit der lutherischen Ketzerei erfüllt waren, hatten sie einen solchen Abscheu vor dem römischen Glauben, daß sie nicht einmal davon hören konnten. Vergeblich hatte der Fürst Edikte über die Wiederherstellung des alten Kultus verkünden lassen. Fest entschlossen, nie von Luther abzufallen, verweigerten sie hochmütig den Gehorsam, verachteten trotzig die Drohungen."[74])

In Schwandorf trat der erste Bürger im Jahre 1617 zum neuen Glauben über, und seine Mitbürger sagten, er sei dadurch „zum Schelm und Mameluken" geworden.⁷⁵) Bis zum Jahre 1618 hatten sich einunddreißig Personen bekehrt, in diesem Jahre vermehrte sich ihre Zahl um vier, und sieben Kinder wurden nach katholischem Ritus getauft. Noch im Jahre 1619 konnte der katholische Pfarrer nur zwei Konversionen, nur sechsundzwanzig katholische Taufen verzeichnen.

Da beschloß der Herzog, mit Gewalt vorzugehen.

Cordara schreibt hierüber: „Er ließ zwei Kommissäre von erprobter Glaubensfestigkeit, versehen mit Mandaten, alle Städte des Landes besuchen und trug ihnen auf, alle hartnäckigen Ketzer auszutreiben. Damit es aber nicht den Anschein hätte, als wollte man die Ketzer mehr durch Gewalt als durch vernünftige Ueberredung zur Rechtgläubigkeit bringen, gab er den Kommissären einen von den Unseren mit, den Pater Michael Sybold, einen Mann von scharfem Verstande und von glühendem Eifer für die Religion, der allerorten das zusammengerufene Volk an seine Pflicht mahnen, es belehren über seinen Irrtum und zur Wahrheit locken sollte. Jeder von diesen dreien spielte wacker seine Rolle, sie besuchten den ganzen Landstrich auf dem Nordgau und vollführten in Jahresfrist ihre Aufgabe so vollkommen nach Wunsch, daß überall der katholische Kultus glücklich wiederhergestellt, mehr als 23 300 Menschen der Ketzerei entrissen wurden." ⁷⁶)

Aber wie war man zu diesem Siege gelangt?

Hören wir auch hierüber die Jesuiten:

„Zwar weiß ich" — sagt Cordara — „daß P. Sybold von gewisser Seite getadelt worden ist, als habe er bei diesem Geschäfte die ihm vom Fürsten erteilte Vollmacht arg mißbraucht und die einem Religiosen geziemenden Schranken überschritten. Der Ordens-Provinzial P. Christoph Grenzing, der es mit der Würde des Ordens unvereinbar fand, zur Glaubensbekehrung andere Mittel als Belehrung und Ermahnung anzuwenden, wollte ihn wegen seiner Handlungen zur Verantwortung ziehen und wegen seines Verfahrens eine Untersuchung gegen ihn einleiten lassen. Allein Sybold fand vortreffliche Verteidiger an den zwei weltlichen Kommissären. Diese erklärten die über Sybold verbreiteten Gerüchte für unwahr. Wenn es ja scheinen könnte — sagten sie — daß er in dem einen oder andern das Maß seines Ordens überschritten, so müßte man dies auf Rechnung der Zeit setzen und mit der augenblicklichen Notwendigkeit der Umstände entschuldigen. Ja sie wären überzeugt, hätte er nicht dann und wann die Gewalt herausgekehrt, so würde das Geschäft keinen Fortgang gehabt haben; auch könnte die ganze Frucht der unternommenen Expedition leicht wieder zu Verlust gehen. Durch diese Verteidigung wurde der Provinzial überzeugt oder stellte sich überzeugt [victo similis], so daß er keine sonderlich schwere Ahndung gegen Sybold vorkehrte. Ja als der Herzog von Neuburg begehrte, daß der um die Religion so hoch verdiente Mann in seinem Amte belassen werden möchte, sah der Provinzial sich gezwungen, ihn auf seinem Posten zu lassen; jedoch gab er ihm einen Ordensbruder bei, durch dessen Gegenwart er fortan in den vorgeschriebenen Schranken gehalten werden sollte." [**]

In Hemau hatte sich vor Ankunft der Kommission eigentlich noch niemand aus der Bürgerschaft der katholischen Kirche unterworfen. Nun setzte man die hartnäckigen lutherischen Ratsherren ab, und die Bürgerschaft ergab sich.

In dem alten und ansehnlichen Kallmünz hatte man den Trotz der Bürgerschaft gebrochen, obgleich solches anfangs als ein Ding der Unmöglichkeit erschienen war. Nun sollten die Leute nur noch nach katholischem Ritus beichten und kommunizieren. Da stritten sie lange unter einander, wer den Anfang machen müßte. Das Volk erwartete, der Rat werde vorangehen, der Rat schob die Angelegenheit den vier Bürgermeistern zu, und diese schließlich sagten, ihr Erster müßte auch hier der Erste sein. Der aber entschuldigte sich mit einer Krankheit, die ihn am Ausgehen hinderte, und er konnte auch nicht dazu gebracht werden, daß er dem Priester in seiner Behausung beichtete; ja er nahm zwei Leute, die der Rat an ihn geschickt hatte, recht unfreundlich auf. Deshalb setzte man ihn ab und machte einen andern zum Bürgermeister. Der that sofort öffentlich, was man verlangte, und seinem Beispiel folgte der Rat und fast das ganze Volk. Auf den abgesetzten Bürgermeister aber machte die Strafe keinen

Eindruck. Oftmals ermahnte man ihn, aber bis in den fünften Monat ohne Erfolg. Täglich ward er kränker, man erkannte, daß er nicht mehr aufkommen werde. Auf diese Nachricht hin eilte Pater Sybold sogleich aus der Ferne an das Lager des Kranken und „setzte ihm durch alle Heilsmittel zu." Aber schon leistete der Mann geringeren Widerstand als seine noch der Ketzerei ergebene Frau; diese wich nicht vom Lager ihres sterbenden Mannes und machte so die Abnahme der Beichte unmöglich. „Als sie Pater Sybold auf keine Weise zum Gehen bewegen konnte", schreibt der Jesuit Kropf, der uns diese Geschichte überliefert, wörtlich, „ent=
fernte sie endlich der Büttel, den der neue Bürgermeister zu Hilfe schickte, mit Gewalt. So blieb der Kranke sich und dem Priester überlassen, wurde in aller Form mit Gott und der Kirche ausgesöhnt und schied aus dem Leben »haud dubiâ spe salutis«.*) Auch das Weib, erschüttert durch den Tod des Gatten" — wider=
strebte nicht weiter. [78])

In Berazhausen konnte die Kommission lange Zeit trotz vieler Mühe, trotz Aufgebotes aller Kräfte nichts erreichen. Hart=
näckig hielten die Einwohner fest an ihrer Ketzerei, wollten lieber die Heimat verlassen als von ihrer Meinung abweichen. Da er=
kannte man, daß der Rat der Mittelpunkt des Widerstandes sei, setzte die Mitglieder bis auf eines ab und vertrieb sie aus dem Markte. Der aus Leuten von besserer Gesinnung zusammengesetzte neue Rat gehorchte seinem Fürsten und der Kirche, „und die ge=
samte Bürgerschaft folgte seinem Beispiele." [79])

In Schwandorf begann die Kommission das Werk am 5. Mai. Wie überall, so wurde auch hier das fürstliche Mandat verlesen, das die Unterwerfung innerhalb vier Wochen oder den Verkauf der Anwesen und die Auswanderung in derselben Frist be=
fahl. Sodann vernahmen die Beamten, der Jesuit und der Orts=
pfarrer in fünftägigem Verhöre alle, die sich noch nicht gebeugt hatten, einhundertundfünfzig an der Zahl. Aus einem noch vor=
handenen Bruchstücke des bei diesem Geschäfte aufgenommenen Protokolles teilt Hubmann in seiner Chronik von Schwandorf die von vierzehn Einwohnern abgegebenen Erklärungen mit. [80])

---

*) in zweifelloser Hoffnung auf seine Rettung.

Mögen sie auch hier zur Vervollständigung des Bildes Platz finden:

„Hanns Caspar L. sei im geringsten nicht gemeint, von seinem Glauben abzuweichen, er fahre gen Himmel oder Hölle. — Abraham Eckard sei auf den evangelischen Glauben getauft worden, dabei wolle er leben und sterben, auch davon nicht abweichen. — Hanns Hünklmanns Wittib will auf ihren Glauben sterben und verderben. — Hanns Demleutner will bei der evangelischen Religion leben und sterben, ungeachtet er wisse, daß vor etlich hundert Jahren der katholische Glauben regiert habe. — Urban Inschilch bleibt bei der evangelischen Religion, sie sei recht oder unrecht; wann ihm sein Herr [der Herzog] einen Käufer stelle, sei ihm nicht zuwider, zu weichen. — David Lenghner gedenkt von seiner Religion nicht zu weichen; habe Luther unrecht gelehrt, soll es in seiner Seel ausgehen. — Samuel Pfendtner habe mit sonderbarem Bedacht die katholische Religion verändert, weil man ihm bei der katholischen allein zu essen und nicht zu trinken gegeben, will sich aber doch weisen lassen. — Hanns Kraus verharrt mit der Meinung, wenn gleich seine Religion nicht recht, sei er weder der erst noch letzt gen Höll. — Michael Stöckhl sei bei seiner Religion hergekommen, wollte sich auch gern verändern; wenn aber Ihre Fürstliche Durchlaucht mit Tod abgehen sollte, müßte er wieder umfallen; könne sich demnach noch nicht so bald erklären, warum Dr. Luther nicht im Kloster geblieben, wenn der katholische Glaub recht sei; wolle sich inner vier Wochen näher unterrichten lassen. — Chr. Popp beharrt, er komme gleich gen Himmel oder Höll. — G. Popp der Aeltere wendet sich auf den mehrern Hausen. — Sebald Khögl, wenn Andere katholisch werden, wolle ers auch thun." —

Nach Ablauf der vier Wochen erklärten achtundsiebenzig Männer und Frauen zu Schwandorf, daß sie nicht zur katholischen Religion übertreten würden, und demzufolge mußten sie Stadt und Land verlassen. Die übrigen beugten sich.⁵¹) Aber erst im Jahre 1622 durfte man die Gegenreformation in Schwandorf als beendet ansehen.

Die Nachricht des Pater Sybold, daß dort nur wenige ausgewandert und diese bald danach wieder in die Heimat zurückgekehrt seien und sich unterworfen hätten, klingt unwahrscheinlich. Auf der Hand liegt die Unwahrheit seiner und des Jesuiten Laymann Behauptung, daß die 30000 Menschen in den vier Städten, neun Märkten, fünfhundertundzwei Dörfern und Einzelhöfen des pfalzneuburgischen Nordgaus ohne Gewaltmittel in den Schoß der römischen Kirche zurückgeführt werden konnten;[82]) Die Geschichtschreiber des eigenen Ordens sagen das Gegenteil.

Aber wir besitzen auch noch einen weiteren Gegenbeweis. Hatte ja der Landesherr schon im Jahre 1618, jedenfalls aus Furcht vor Massenauswanderungen, einen ganz ungewöhnlich harten Befehl erlassen: Nun werde keinem der Unterthanen, der über 400 Gulden Vermögen besäße, der Abzug gestattet — „es sei denn, daß er seine meisten Güter mit dem Rücken ansehen wolle."

In der That, auch auf dem pfalzneuburgischen Nordgau kann die evangelische Lehre nur mit rücksichtsloser Härte unterdrückt worden sein.

* * *

Schon sehr frühzeitig, im Juni 1616, hatten die Bischöfe von Eichstädt, Regensburg und Augsburg die Frage aufgeworfen, „ob und was der Herr Pfalzgraf der Religion halben seinen irren Brüdern verstatten könnte und möchte", und ihr Rat war dahin gegangen, „daß Ihre Fürstliche Durlaucht positive und obligatorie hierin nichts einwilligen sollten und könnten, also sei vielleicht am besten und thunlich, daß man sich der Prudenz bediene und noch zur Zeit nichts resolviere, deswegen beiderseits alles in suspenso halte, bis man die Mittel besser an die Hand bringen möchte, als nämlich da der halb oder ein guter Teil im Land schon katholisch oder der Liga halber eine bessere Richtigkeit sich erzeigte. In allewege vermeine man, Ihre Fürstliche Durchlaucht sollen nicht bei dero Herrn Brüdern, sondern zuvor in ihren selbsteignen Städten, Märkten und Flecken mit Einführung des katholischen Exercitii fürfahren."

Auf dieser Grundlage war hernach der Vergleich zwischen den Brüdern zu stande gekommen, von dem oben die Rede gewesen ist.

Es läßt sich denken, daß man das Vorschreiten des Katholizismus vor allem in den sulzbachischen und hilpoltsteinischen

Ländern mit ängstlicher Spannung verfolgte — aber nicht nur die Siege, die die Jesuiten im Gebiete Wolfgang Wilhelms errangen, sondern auch vor allem das unaufhaltsame Vordringen der römischen Kirche im Reiche überhaupt. — —

„Laß Dein heilig Wort rein und lauter, wie bisher, öffentlich bei uns predigen und auch auf unsere Nachkömmlichen fortgepflanzt werden. Wende von diesen Landen und unserm ganzen Vaterland deutscher Nation gnädiglich ab Krieg, Empörung und allen feindlichen Gewalt... So es aber dein göttlicher Wille sein sollte, daß wir um Deines Namens und der göttlichen Wahrheit willen etwas leiden und verfolgt werden sollten, so wollest Du uns Geduld und Standhaftigkeit verleihen, daß wir uns das Kreuz und die Trübsal von der erkannten Wahrheit nicht lassen abwendig machen, sondern willig und bereit seien, in Lieb und Leid bei Christo Jesu unserm Heiland und seinem seligmachenden Wort zu verharren, und das Zeitliche gern fahren lassen, auf daß wir das Ewige erhalten" [63]) — so betete im Herbste des Jahres 1619 das versammelte Volk alltäglich um die elfte Stunde Vormittags in den Kirchen der Kurpfalz und auch des kleinen Amtes Parkstein und Weiden, das August von Sulzbach und Friedrich V. gemeinschaftlich besaßen.

Und der göttliche Wille schickte den Krieg.

Mit dem Kriege aber kam ein vollgerütteltes Maß von Kreuz und Trübsal vornehmlich über die Protestanten des deutschen Vaterlandes.

Die Schlacht am weißen Berge versetzte dem Protestantismus den ersten furchtbaren Stoß, Friedrich V. ward geächtet, als Vollstrecker der Acht und als Administrator betrat Maximilian die Oberpfalz, in raschem Laufe nahm er die Städte Cham, Neumarkt und zuletzt Amberg, den Sitz der Statthalterei, und das „eroberte" Land wurde alsobald von Schritt zu Schritt gewaltsam in den Schoß der katholischen Kirche getrieben.

Und wie hier, so verfolgte man allenthalben die Evangelischen, wo man die Macht in den Händen hatte.

Im Jahre 1626 warfen die Bayern die oberösterreichischen Bauern nieder, die für ihren Glauben stritten, „nicht wie Menschen, sondern wie höllische Furien", die sich der Soldateska entgegenstellten wie „lauter Felsen" und „ohne Ach- oder Wehsagen niederhauen ließen wie Hunde", in Strömen von Blut, durch Schwert, Folter und Beil ward hier der Widerstand des Protestantismus allmählich gebrochen, allmählich — denn erst „als das im evangelischen Glauben aufgewachsene Geschlecht ausgestorben war, fügte sich die Masse dem Willen" des Kaisers. ³⁴)

„In dem unglücklichen Böhmen hatten die Bedrückungen seit der Schlacht am weißen Berge und die immer schrofferen Maßregeln gegen die evangelische Lehre ebenfalls im Jahre 1626 blutige Aufstände gezeitigt. Sie wurden niedergeschlagen, die Zahl der protestantisch Gesinnten nahm von Tag zu Tag teils durch Landesverweisungen, teils durch freiwillige Auswanderungen ab und die sogenannte „erneuerte Landesordnung" vom 10. Mai 1627 setzte an die Rekatholisierung insoferne den Schlußstein, als sie nur die Katholiken unter den Schutz des Gesetzes stellte. Da aber noch der größte Teil des Volkes evangelisch gesinnt war, so begann nun eine furchtbare Gegenreformation, damit, wie sich der Beichtvater des Kaisers ausließ, der harte Druck den Leuten Verstand gebe."

„Durch ein Dekret, welches am 31. Juli 1627 publiziert wurde, teilte der Kaiser mit, daß er eigene Reformationskommissionen aufgestellt habe, welche von Ort zu Ort gehen und die Widerspenstigen in der katholischen Religion unterweisen sollten. Wer der Unterweisung sich nicht fügen und von seinen Irrtümern nicht ablassen wolle, sollte binnen sechs Monaten auswandern. Und nun verbreitete sich ein Jammer über das ganze Land, der an die schlimmsten Kriegsleiden mahnte. Die Reformationskommissionen waren von Truppenabteilungen begleitet, welche den Widerspenstigen ins Quartier gelegt wurden und von diesen mit täglich erhöhten Zahlungen unterhalten werden mußten. Mancher gab gleich nach, um seine geringe Habe zu retten, oder wanderte mit ihr aus; viele hielten sich aber bis zum letzten Groschen und mußten schließlich, aller Mittel entblößt, doch nachgeben. Es fanden Scenen statt, die an Härte einerseits und an Opferwilligkeit andererseits mit den berühmtesten Beispielen aus der Verfolgungsgeschichte anderer Zeiten und Völker wetteifern." ³⁵)

So ist es demnach keineswegs ein Zufall, daß auch für jene

Distrikte im Nordgau das Jahr 1627 endlich die längst geplante Unterdrückung der bisherigen Landesreligion brachte.

Ueber Erwarten günstig hatten sich alle Verhältnisse gestaltet: Wer hätte es damals zu Eichstätt im Jahre 1616 zu hoffen gewagt, daß man den letzten Rest der protestantischen Jungpfalz eines Tages von Amberg aus zur Raison bringen — wer hätte damals vorauszusagen vermocht, daß einst in der entscheidenden Zeit Maximilian von Bayern der fürchterliche Nachbar Augusts von Sulzbach sein würde? [56])

Herzog August wird uns als ein Fürst geschildert, der mit majestätischer äußerer Erscheinung, umfassender wissenschaftlicher Bildung und guter, auf weiten Reisen erworbener Kenntnis fremder Länder und Höfe strenge Einfachheit der Sitten, tiefe Religiosität und unermüdliche Arbeitskraft verband. Als er im Jahre 1607 den Königshof in Stockholm besuchte, da trat ihm der dreizehnjährige Gustav Adolf im Auftrage seines Vaters entgegen und begrüßte den Fürstensohn mit einer zierlichen Anrede in lateinischer Sprache. König Karl aber fand hohes Gefallen an dem schönen Jüngling mit der hohen, hellen Stirne und den durchbringenden und doch so milden blauen Augen, und er empfahl den Sohn Philipp Ludwigs dem eigenen Kinde als Muster fürstlicher Tugenden zur Nachahmung.

Damals schon schloß der Knabe mit dem Jüngling die Freundschaft, die hernachmals die Männer in wilden Zeiten einander bis zum Tode bewahrt haben.

So scheint August in vielen Stücken das Ebenbild des Vaters gewesen zu sein. Fraglich ist es aber, ob auf ihn auch die Selbständigkeit des alten Herzogs übergegangen war; er hielt sich, wie es scheint, ziemlich abhängig vom Urteil seiner Räte.

Er und sein nur mäßig begabter Bruder Johann Friedrich gehören nicht zu den Fürsten, die durch irgend eine große That ihre Namen in das Gedächtnis aller Zeiten gruben: aber wenn man gottergebene, standhafte und unbeugsame Bekenner der evangelischen Lehre nennt, dann gebührt ihnen ein hervorragender Platz. In den zwölf Jahren, die zwischen dem Tode des Vaters und der gewaltsamen Rekatholisierung jener Erbämter lagen, wurde von Neuburg aus sicherlich gar mancher Versuch angestellt, die Brüder auf friedlichem Wege zu belehren. Wenn man das so recht ins Auge faßt, so wird man dem Verhalten Augusts und Johann Friedrichs hohe Achtung nicht versagen können. Es wäre ihnen möglich gewesen, durch den Uebertritt mit einmal behagliche Ruhe und gewiß auch manche weltliche Vorteile zu erkaufen — und doch hielten sie unter den größten Drangsalen, unter den empfindlichsten Kränkungen und Demütigungen unbeweglich fest an ihrem Glauben bis zum letzten Atemzuge.

Aber der Vernichtung der evangelischen Lehre konnten sie auch in ihren Gebieten keinen Einhalt thun. Die Hochflut der katholischen Restauration, die sich über die junge Pfalz ergossen hatte, mußte ja schließlich mit Notwendigkeit die Reste der evangelischen Kirche zerstören, die gleich schwer bedrohten, unterspühlten Inseln in den ohnedies so zerstückelten sulzbachischen und hilpoltsteinischen Aemtern noch vorhanden waren. —

Der entscheidende Schlag, den Wolfgang Wilhelm im Sommer des Jahres 1627 gegen die Unterthanen seines Bruders August führte, war von langher vorbereitet. Eine von den Hoheitsstreitigkeiten, die ja seit dem Tode Philipp Ludwigs unter den Brüdern nicht mehr ausgegangen waren, bot den Anlaß. Ein Patent des Kaisers entschied die an und für sich nicht sehr bedeutende Angelegenheit zu Gunsten Wolfgang Wilhelms und schärfte den Unterthanen bei dieser Gelegenheit unter Androhung einer hohen Strafe ein, sie sollten dem Herzog von Neuburg in geistlichen und weltlichen Sachen gehorsam sein. Zugleich mit diesem Patente aber ging an Wolfgang Wilhelm die Genehmigung, nunmehr in den Landen seiner Brüder mit der Gegenreformation zu beginnen, und an den Kurfürsten von Bayern der Befehl, im Notfalle dem Pfalzgrafen bei diesem Geschäfte die hilfreiche Hand zu bieten.

Und gerade jetzt, wo der Schwager Maximilians den Schlußstein in das vor 14 Jahren versprochene Werk einzufügen sich anschickte, gerade jetzt mochte er wohl nur mit einiger Ueberwindung die Hilfe Bayerns in Anspruch nehmen: Denn er hatte ja in der Zwischenzeit als nächster Agnat des geächteten Friedrich von der Pfalz auf Grund der goldenen Bulle vergebens Ansprüche auf die Würden und Länder des Abgesetzten erhoben, und trotz seinem guten Rechte nicht verhindern können, daß sowohl die Kur= als die oberpfälzischen Länder an Maximilian fielen, während ihm selbst nur die Administration des kurpfälzischen Teiles von Parkstein und Weiden und des Städtchens Pleistein übertragen wurde!

Aber diese Niederlage hatte — wenigstens äußerlich — nichts geändert an dem Verhältnisse zwischen Neuburg und München, und gerade aus der Geschichte des Jahres 1627 geht es besonders deutlich hervor, wie abhängig, ja wie unselbständig Wolfgang Wilhelm dem eisernen Maximilian gegenüber geworden war. Nicht nur die bayerischen Soldaten sondern vor allem auch die bayerischen Ratschläge hatten auf die Durchführung der sulzbachischen und hilpoltsteinischen Gegenreformation entscheidenden Einfluß.

Wolfgang Wilhelm rechnete mit der Möglichkeit eines bewaffneten Widerstandes. Deshalb wurde die Gegenreformation des Jahres 1627 unter starkem militärischem Aufgebote, das, wie gesagt, der Kurfürst von Bayern zur Verfügung stellte, unternommen. Aber die Leute auf der meist nichts weniger als fetten Scholle des Nordgaus waren anders geartet als die knorrigen, wohlhabenden, prachtliebenden Bauern in Oberösterreich, deren unvermischte Race den unbeugsamen Trotz ihrer germanischen Vorfahren treulich bewahrt hatte — der vorsichtige, bedächtige Oberpfälzer war von jeher in besonderem Maße ans Gehorchen und ans Leiden gewöhnt, und so gehorchte und litt er denn auch damals; sein Widerstand war ein passiver, und es ist, wie auf dem ganzen übrigen Nordgau, so auch in den sulzbachischen und hilpoltsteinischen Landstrichen — soweit wir heute jene Zeit zu überschauen vermögen — nichts zu Tage getreten von gewaltthätigen Ausbrüchen der tiefen Erbitterung, die das gesamte Volk ergriffen hatte.

Die größte Sicherheit für das Gelingen des Anschlages bot freilich von vornherein die Persönlichkeit des Mannes, den Wolfgang Wilhelm an die Spitze des Unternehmens stellte. Er hatte das Zeug in sich, jeden Widerstand im Keime zu zertreten:

Simon Ritter von Labricq zu Lanoy auf Steenvorde, der Rechte Doktor, neuburgischer Geheimrat, Vizekanzler und Pfleger zu Burgheim, war einer von den Ausländern, deren Einbringen Pfalzgraf Philipp Ludwig noch in den letzten Tagen seines Lebens ein für allemal zu verhindern gesucht hatte. Er stammte aus Lüttich, hatte in seiner Jugend das Kriegshandwerk gelernt, war dann Ketzerrichter und später Professor der Rechtswissenschaften an der Universität Ingolstadt geworden.

Seine Charakteristik läßt sich kurz zusammenfassen: Er war ein erbitterter Feind der Protestanten, ein treuergebener Diener seines Fürsten, im Ueberlegen ein klarbenkender, scharf berechnender, besonnener Jurist, in der Ausführung ein von großem persönlichem Mute erfüllter, rauher, wenn es gerade not that, roher Soldat. Man muß es anerkennen: Die Wahl dieses Mannes, der sich schon während der Neuburgischen Gegenreformation die Würde eines Reichsritters errungen hatte, war eine sehr geschickte.

Und er rechtfertigte das Vertrauen Wolfgang Wilhelms in vollem Maße.

Im Amte Parkstein, dessen Hauptort das blühende Städtchen Weiden an der Waldnaab war, berührten sich, wie wir oben gesehen haben, die Machtsphären der beiden Brüder, nachdem Wolfgang Wilhelm als Administrator an Stelle der Kurpfalz mit seinem Bruder August in den direkten Mitbesitz jenes Distrikts getreten war. Und hier setzte er den ersten Hebel zur Gegenreformation an.

Persönlich begab sich Labricq an den Münchener Hof, legte dem Kurfürsten seine Instruktionen vor und sicherte sich die militärische Unterstützung, persönlich beriet er sich mit Albertus von Regensburg, dessen Bischofsstabe nun wieder so viele tausend Seelen zurückerobert werden sollten, und persönlich ordnete er mit den kurfürstlichen Räten zu Amberg, dem Sitze der bayerischen Regierung, alle formellen Fragen. Dann reiste er nach Weiden, entwaffnete mit einem Schlage die ahnungslose Bürgerschaft, vermehrte die neuburgische Besatzung, ließ durch den benachbarten Landrichter eine Truppe von hundert Mann in Bereitschaft setzen, und als zuletzt das bayerische Hilfskorps in der Stärke von

400 Mann unter die Mauern der Stadt gerückt war, da entbot er der auf dem Rathause versammelten Bürgerschaft den Willen seines Herrn.

Und die geängsteten, wehrlosen Leute erklärten nach kurzem Besinnen ihre Unterwerfung. Man wußte es ja nur zu gut: vor dem Thore stand in Reih' und Glied die Soldateska, und hoch oben auf dem Turm der Pfarrkirche wartete ein Gefreiter, der beim ersten Anzeichen des geringsten Widerstands eine blutrote Fahne entfalten und durch dieses Signal die Bayern über die Widerspenstigen rufen sollte.

Als der Akt auf dem Rathause beendet war, zog eine Abteilung der Truppen in die Stadt, unter dem Geläute aller Glocken wurde der neue katholische Geistliche installiert; ein aus der Landgrafschaft Leuchtenberg bestellter Wallfahrerzug bewegte sich mit fliegender Fahne durch die Straßen in die Kirche.

Nach Schluß der Feier, es war um neun Uhr vormittags, rückte die gesamte militärische Macht in die Stadt, gab auf dem Markte zwei Sieges-Salven ab und lag hernach über Mittag in den Häusern der Vorstadt, bis sie — noch am gleichen Tage — den Befehl zum Weitermarsch erhielt. —

Von Ort zu Ort zog Labricq. Am 26. August waren schon fünfzehn Pfarreien ohne Mühe mit katholischen Geistlichen besetzt, und die abgedankten Prädikanten hatten die Weisung erhalten, innerhalb sechs Monaten das Land zu räumen und sich in der Zwischenzeit bei Vermeidung schwerer Strafe aller Amtshandlungen zu enthalten.

Gar bald hatte man gesehen, daß die neuburgischen Soldaten zur Unterstützung des Vizekanzlers vollkommen genügten, und so war das bayerische Militär wieder nach Amberg zurückgekehrt, nicht ohne manchen Mutwillen verübt und dem Landvolk da und dort schwere Kosten verursacht zu haben.

Der Widerstand, den Herzog August dem Vorgehen seines Bruders entgegensetzte, war ein geringer. Schon vor Beginn der eigentlichen Gegenreformation hatte er verschiedene evangelische Fürsten von der drohenden Gefahr in Kenntnis gesetzt und Fürsprache von ihnen erbeten, ja sogar den Kurfürsten Maximilian als Obersten des Kreises um Hilfe angegangen. Doch war das natürlich ebenso wenig von Erfolg gewesen als eine zu gleicher Zeit an den Kaiser gerichtete Beschwerde und ein dringendes Schreiben der greisen Pfalzgräfin Mutter an Wolfgang Wilhelm.

Als aber Labricq in Weiden durchgegriffen hatte, wußte man in Sulzbach wieder kein anderes Mittel, als nochmals an die befreundeten Fürsten zu schreiben, nochmals durch die Mutter auf den Sohn wirken zu lassen und die Sache wieder vor den Kaiser zu bringen — und der Erfolg war der gleiche.

Nachdem Labricq zu Anfang Oktober in Sulzbach unter den Augen des Pfalzgrafen die vier Stadtgeistlichen und die acht Professoren des Gymnasiums entlassen und Jesuiten an ihre Stelle gesetzt hatte, war die Arbeit vorläufig vollendet. In weniger als zwei Monaten waren sämtliche siebenundfünfzig Kirchen des Sulzbacher Landes dem römischen Kultus zurückerobert worden. —

Johann Friedrich von Hilpoltstein suchte die drohende Gefahr noch in letzter Stunde abzuwenden und reiste mit seiner Gemahlin nach Neuburg, um Wolfgang Wilhelm umzustimmen oder wenigstens die Pfarrkirche seiner kleinen Residenzstadt dem protestantischen Gottesdienste zu erhalten, — vergeblich. Schon zu Ende November konnte der Herzog von Neuburg seinem Schwager Maximilian schreiben, daß jetzt auch in den hilpoltsteinischen Kirchen der römische Gottesdienst eingerichtet wäre.

Als aber Labricq in der zweiten Hälfte des Dezember zu einer Audienz nach München kam, mußte er die Unterwerfung der sulzbachischen und hilpoltsteinischen Lande als eine rein äußerliche charakterisieren; denn allenthalben setzten Landsassen, Bürger und Bauern den Befehlen Wolfgang Wilhelms Widerstand entgegen, hielten sich ferne vom katholischen Gottesdienste, rechneten fort und fort nach dem alten Kalender und kümmerten sich nicht um die Fest- und Fasttage, die im neuen Kalender verzeichnet waren.

Wie man solchem Trotze allmählich beizukommen verstand, haben wir oben zur Genüge gesehen. Was der Ueberredung nicht gelang, das erreichte die Drohung, was die Drohung nicht zu Wege brachte, das vollendete die Gewalt; vortreffliche Dienste leisteten zwangsweise Truppeneinquartierungen — und was sich gar nicht beugen wollte, das mußte brechen.

Wollte man alles Elend schildern, das durch Jesuiten und militärische Einquartierungen über die sulzbachischen Lande kam, es gäbe wohl einen stattlichen Band. Aber die Schilderung hätte sich nur mit Einzelbildern zu befassen, die doch wieder alle einander recht ähnlich wären.

Hören wir deshalb zum Schlusse einen für viele, einen sulzbachischen Geistlichen, der die böse Zeit selbst erlebt und die Erzählung seiner Leiden der Nachwelt hinterlassen hat. In ihm tritt uns ein überzeugungstreuer Mann entgegen, der aber zugleich auch den Typus des streitbaren Theologen an der Stirne trägt. Er leidet für seine Ueberzeugung, aber er leidet nicht so eigentlich in frommer Ergebung, ist auch keineswegs so weit gekommen, daß er seinen Feinden verzeihen könnte. Der harte Druck, unter dem die evangelische Kirche seufzt, läßt ihn harte Worte zu Papier bringen, die Bosheit Labricqs und seiner Gehilfen läßt auch seine Galle überlaufen. Aber gerade dieses naturwüchsige Aussprechen der innersten Gedanken verleiht seinen Aufzeichnungen unstreitig hohen Wert. Und wenn uns heute seine Art und Weise auch da und dort nicht ganz sympathisch berühren mag, so dürfen wir niemals die Zeit vergessen, deren Kind er gewesen ist. War ja damals sogar die rein wissenschaftliche, theologische Polemik in einen so unglaublich rohen Ton verfallen, daß unser Chronist ohne Zweifel die Darstellung seiner Leidensgeschichte für eine vollkommen maßvolle halten durfte.

Johann Braun schreibt in seiner Chronik von Sulzbach:[*)]

„Weil nun die Stadtkirchen denen Missifikanten samt aller Zugehör eingeräumet worden, wollten Ihre Fürstliche Gnaden Ihr den Gottesdienst im Schloß nicht auch sperren lassen und nahmen vom neuen in die Bestallung Herrn M. Georg Heilbronnern und Johannem Brunonem, Diakonum, und geschahen die ersten Predigten im Schloß im hohen großen Saal, am Tage Michaelis, zu früh und Vesper, de custodia Angelorum, da dann ein überaus großer Zulauf aus der Stadt und dem Land worden, die mit vielen Weinen und Seufzen ihre Devotion bezeugten, dieweil Gott die Stadt mit geistlichem Hunger gestraft.

„Weilen nun der Concursus vom ganzen Land in die Schloßkirchen je länger je größer ward, also daß viel tausend Menschen sich zusammenfunden; damit nicht der große Saal von der großen Menge Volks Schaden nehme, wurde mir Johann Braun gnädig anbefohlen, daß ich meine Kanzel im Schloßhof sollte aufschlagen und von einem Altan zum Volk predigen; welches ich auch unterthänig gethan, dazu sich die Bürgerschaft und das Landvolk häufig funden und war ein solcher Zulauf, daß alle Bänk und Stühl zu wenig, die sie aus der Stadt ins Schloß trugen und wieder heraus.

„Es funden sich auch aus der Kurpfalz viel zu unserm Gottesdienst von fünf, sechs, sieben und acht Meilen, und hatten alle Sonntäg über die tausend Kommunikanten. Daher auch die andern zwei abgeschaffte Ministros, Herrn M. Jugler und Johann Rager, Ihre Fürstliche Gnaden annahm und gebrauchten, weilen unser zwei zu wenig einer solchen Meng, neben der Kirchenarbeit, so sehr groß . . . Ging also der Gottesdienst zu Hof in vollem Schwang. Hergegen in der Stadtkirchen war es kalt Ding. Die jesuitischen Stentores schrien zwar die Bürgerschaft an, vermahneten sie zu ihrem Gottesdienst, sie sollten, wie ihre Vorfahren, zum Schoß der christlichen Kirchen wiederkehren, gaben's scharf für, aber wenig kehreten sich an ihr Geschwätz, liefen nur dem Schloß zu.

„Dies verdroß den Jesuiter-Teufel sehr, fing an, darüber zu griesgramen, hatte zu Hof seine Coricacos, die alles, was gepredigt wurde, aufschrieben; solches alles schrieben die Lakoniten gen Neuburg und beklagten sich heftig wider mich, dann ich zuweilen ihre eigene Bücher auf die Kanzel brachte und sie überzeugte. Solches alles erfuhren die vermeinten Patres bald.

„Indem nun Pfalzgraf Augustus viel Wochen am kaiserlichen Hof wegen seiner Sachen sollizitieret, mit großen Unkosten, kam Labrique wieder nach Sulzbach, wollte sehen, wie gehorsamlich die Bürgerschaft sich bei dem heiligen Meßopfer einstellete; befand aber einen schlechten Eifer.

„Und als er erfuhr, daß ich im Schloß predigte und alle Kirchenaktus im Schloß verrichtete, taufte und kopulierte, schickte er nach mir, fuhr mich mit gräßlichen Worten an, warum ich mich wider Ihro Durchlaucht Befehl solches unterstände. Dem ich zur Antwort gab, ich hätte von Ihrer Fürstlichen Gnaden, meinem gnädigen Herrn, Spezialvokation. Er sagte, ich wäre nicht an Pfalzgraf Augustum, sondern an Ihre Fürstliche Durchlaucht gewiesen; dem müßte ich parieren oder eines andern Ernstes gewärtig sein. Gab vor, er hätte Befehl, mich auf einen Karren zu schmieden und nach Neuburg als einen Rebellen zu führen. Legte mir aber nun zum zweitenmal imperatoris nomine das Predigen darnieder und ließ mich also ziehen.

„Als dieser Verlauf Ihrer Fürstlichen Gnaden nach Prag berichtet, bekam ich ein neu Dekret, ich sollte mich von Labrique nicht schrecken lassen, sondern getrost in meinem Amt fortfahren. Ihre Fürstliche Gnaden wollten mich schon vertheidigen.

„Herr Heilbrunner, mein Kollega, wollte es mir nicht raten, sondern sagte, ich würde mich in Lebensgefahr stürzen, sollte des Predigens im Schloß müßig stehen ... Solches riete mir auch Otto Pflug, Hofmeister.

„Also enthielte ich mich ein Wochen oder drei des Predigens ganz und gar. Aber es animierten mich viel gutherzige Leut, ich sollte mich nicht schrecken lassen, sondern auf meinem ordentlichen Beruf trotzen. Also trat ich zum andernmal auf und richtete mein Amt aus wie vorhin, bis zu Ihrer Fürstlichen Gnaden Wiederkunft von Prag.

„Bald darauf reiste Pfalzgraf Augustus nach München in Bayern, den Kurfürsten, seinen Vettern und Schwagern, selbst anzusprechen und zu begütigen. Er kriegte aber von Bayern, als welcher in dieser Tragödie der fürnehmste Aktor war, einen kurzen Bescheid, er sollte sich wegen der Religion akkomodieren....

„Da nun alle Sachen auf der Spitz stunden, kam am Tag Margarethen, war der 13. Juni 1628, die traurige Post nach Hof, die Neuburgischen Treiber wären unterwegs, die Persekution in Sulzbach fortzusetzen und die evangelische Religion gänzlich abzuschaffen.

„Von etlichen war mir geraten — darunter der Kanzler selbst — ich sollte mich bei Zeiten vor ihrer Ankunft aus dem Staub machen; dann ich stünde zu Neuburg gar hart im schwarzen Register, weil ich mich zum öftern dem Labrique und seinem Befehl widersetzet.

„Aber ich verließ mich auf meinen Gott, der mir oft aus

der Not geholfen, und auf meinen ordentlichen Beruf; wollte des Wetters warten, es möchte es Gott mit mir schicken, wie er wolle.

„Den folgenden Tag kam Labrique mit seinem Komitat zu Sulzbach mit zwei Kutschen und etlichen Reitern an. Die vornehmsten Persekutores waren Simon Labrique, Giswin Spiering und Schrott, eines Pfarrers Sohn zu Weiden, ein schändlicher Apostata.

„Ihre Fürstliche Gnaden ließen sie nach Hof logieren, ob ein gütlicher Vergleich noch möchte zu hoffen sein.

„Selbigen Tag nach verrichteter Vesper-Predigt schlossen die Pfaffen alle Kirchthüren fest zu, und wurde ein grausames Schlagen und Rumpeln gehört; dann sie hatten sich an das hohe, schwarze Gitter gemacht mit Leitern und Hämmern, so über der fürstlichen Begräbnis stund, und haben dasselbe mit großer Furie demoliert, alles zu Boden geworfen. Welches Pfalzgraf Augustus mit großen Unkosten hinten im Chor hatte aufrichten und bauen lassen und darin ein verstorbenes junges Herrlein beigesetzet. Dazu sich die Herren Patres selbst weidlich gebrauchen ließen. Als sich Ihre Fürstliche Gnaden über diesen verübten, unverantwortlichen Mutwillen durch seinen Diener wider sie beschweren ließ, gaben sie trotzige Antwort: Man hätte ihnen diesorts nichts einzureden, die Kirch gehöre ihnen und nicht dem Pfalzgrafen Augusto zu. Also mußte man mit diesen bösen Bauleuten zufrieden sein.

„Des folgenden Tags, war der 15. Juni, nach gehaltener Meß, wurde ein Rat und Bürgerschaft sämtlich aufs Rathaus beschieden, und war ihnen von dem Labrique abermals bei Verlust des Lebens angedeutet, daß sie den päpstischen Gottesdienst besuchen und sich im Beichtstuhle einstellen und der Schloßkirchen gänzlich enthalten sollten. Es wurden auch kaiserliche Mandata ans Rathaus geschlagen, daß sonst keine dann die katholische Religion im ganzen Fürstentum sollte geübt werden.

„Hie ist nicht zu schreiben, wie eine wunderliche Veränderung es in den Herzen des gemeinen Volkes gegeben: Da sahe man die Bürger zusammenlaufen, und Weibspersonen, Klein und Groß, stunden in den Gassen, schlugen ihre Händ zusammen; da war nichts in' allen Gassen und Häusern, dann Wehklagen, nicht anderst als wenn der Feind die Stadt hätte eingenommen und alles feindlich ausgeplündert. Die Pfaffen und Päpstler spotteten unsers Drangsals. ...

„Nachmittags wurden alle Kirchen- nnd Schuldiener ... aufs Rathaus gefordert: Da wurde mir nochmalen geraten, dem Wetter nicht zu trauen; dann Bande und Trübsal warteten auf mich."
(Zwei Verbrechen hielt man dem Hofdiakon vor: Er habe den Papst öffentlich den Antichrist genannt und dadurch den Herzog Wolfgang Wilhelm sowie den Kaiser geschmäht, und weiter habe er sich dem Gebot seines Landesherrn widersetzt nnd die Bürgerschaft zur Rebellion aufgereizt. Unerschrocken gab der Angeklagte die Schmähung des Papstes zu, aber entschieden stellte er die daraus konstruirte Beleidigung des Landesherrn und des Kaisers in Abrede. Er habe zwar mit Hand und Mund versprochen, sich des Predigens zu enthalten — trotzdem aber weiter geprebigt, weil er von dem damals abwesenden Herzog wäre berufen gewesen. Seine Zuhörer habe er immer zum Gehorsam gegen die Obrigkeit angehalten.)

„Endlich war ich — fährt er in seinen Aufzeichnungen fort — von ihnen glimpflich, aber nur zum Schein, mich sicher zu machen, bimittieret, mit dem Beding, ich sollte mich mit den Meinigen in drei Wochen aus dem Land machen, und hiemit ewig bannisiert sein aus meinem Vaterland.

„Ich antwortete: »Nicht ewig, sondern so lange es Gottes gnädiger Wille sein wird.«

„Unterdessen war bei meinem Weib und Kindern nicht eine kleine Bekümmernis: Dann jederman sagte, man würde einen üblen Prozeß mit mir vornehmen und mich auf einen Karren schmieden. Daß also die Nachbaren, Kirchen- und Schuldiener alle zu mir kamen, und da sie mich sahen, wurden sie alle fröhlich, daß mich Gott so wunderlich errettet hätte.

„Meine Herren Kollegen wie auch alle Schuldiener wurden nach mir citiert und ihnen innerhalb vier Wochen die Stabt zu räumen bedeutet und bei Lebensstraf verboten, daß sie sich nicht mehr im ganzen Fürstentum sollten betreten lassen. Die sich aber subjicieren wollen ..., denen wurden Forst- und andere weltliche Dienste angeboten. Unter den Schuldienern war ein Vertumnus, Leonhard Winckler, so die Abecedarios informieret hatte und erstlich der kalvinischen Sekt zugethan, darnach zu den Evangelischen sich begeben ums Bauchs willen; letzlich wendete er sich zum Papsttum, weil der Tropf sonst ihne nicht getrauete fortzukommen.

„Des folgenden Tags, da ich mich niedersetzte, meinem gnädigsten Fürsten und Herrn schriftlich zu berichten, was die Ketzermeister vor einen Prozeß mit mir gebraucht, und mein Weib und Kinder anderswo zu thun hatten, und ich mich keiner Untreu beförchtet, weil ich noch drei Wochen vor mir hatte, wurde ich von einem sehr guten Freund... gewarnet, ich sollte meine Wohlfahrt in acht nehmen, denn mir ein groß Unglück bereitet, so ihm in der Still von einem Soldaten wäre entdecket worden: nemlich daß Labrique nach mir werde greifen und mich in Verhaft bringen; darum riete er mir, ich sollte mich nicht in die Gefahr selbst stürzen, sondern dem herzunahenden Gewitter ausweichen, weil ich noch Occasion hätte.

„Vox amici, vox Dei. Rebus sic stantibus*) besann ich mich nicht lang, ließ alles stehen und liegen, nahm meinen Jakobsstab, ging mit meinem Mantel zum Haagthor hinaus und wurde von den Custodibus befragt, wo ich so eilend hin wollte. Denen gab ich zur Antwort, wollte meinen Weg auf Nürnberg zu nehmen, weil mich mein Vaterland nicht länger leiden wollte. Passierte also ohne fernere Hinderung fort, suchte Umschweif und ging auf Auerbach zu, mich nach Bayreuth ins Markgraftum zu begeben.

„Davon wußten mein liebes Weib und Kinder nichts, wo ich hinkommen; bote es ihnen aber durch eine vertraute Person zu, sie sollten nur ins Markgraftum nachfolgen, ihre Sachen zusammenpacken und eine Fuhr bingen.

„Unterdessen brachten die Ketzermeister viel Soldaten von Amberg nach Sulzbach, umringten mein Haus mit aufgezogenen, gespannten Röhren und brennenden Lunten. Vermeinten, mich zu greifen und in Verhaft zu nehmen, mit großem Schrecken meines Weibs und beider Töchter. Pochten mit Ungestüm an das Haus, bis man ihnen aufmachte mit Forcht und Zittern; durchsuchten das ganze Haus und alle Winkel, vermeinten mich

---

*) Freundes Stimme — Gottes Stimme. Unter sothanen Umständen...

anzutreffen... Und da sie mich nicht funden, schafften (sie) Weib und Kinder heraus, verpetschierten dasselbe und gingen also davon. „Also errettete mich Gott augenscheinlich, daß ich diesen blutdürstigen Ketzermeistern nicht in die Hand kam. Dafür ich Gott herzlich gedankt, sonderlich da mein Weib und Kinder nach etlichen wenigen Tagen nach Kulmbach zu mir kamen." —

Soweit Johann Braun.

Immer höher stieg die Not der Evangelischen in den sulzbachischen Landen. Ein schwacher Versuch Augusts, den Plackereien Labricqs gegenüber auch einmal die Gewalt herauszukehren, wurde durch das Erscheinen des Vizekanzlers an der Spitze von sechshundert Soldaten und bewaffneten Bauernhaufen aus der Oberpfalz im Handumdrehen erstickt, August selbst riet der erbitterten Bürgerschaft, die Thore zu öffnen, Labricq besetzte den Markt und ließ die blindgeladenen Kanonen gegen das Schloß abfeuern.

Selbst der Hofstaat des Herzogs, dem ein kaiserlicher Befehl zu Anfang Mai freie Religionsübung gestattet hatte, war schweren Anfechtungen ausgesetzt. Aus der Stadt Sulzbach sollen in jenen Jahren über sechzig der angesehensten Familien ausgewandert sein. Und die neuen Bürgermeister und Ratsherren wurden — wie Johann Braun in seiner derben Art sagt — „aus den schlimmsten unter den Handwerkern gewählt, denen man zuvor nicht gerne um eine Maß Bier getraut, wenn sie sich nur gut katholisch erklärten." —

Ich stehe am Ende meiner Aufgabe.

Als Gustav Adolf auf dem deutschen Kriegsschauplatze erschien, begab sich Herzog August zu ihm und blieb fast ununterbrochen an seiner Seite. Sein Wahlspruch lautete: tandem bona causa triumphat! An der Hoffnung auf den endlichen Sieg der guten Sache hat er sich wohl in den schwersten Zeiten seines Lebens aufgerichtet — denn dieser Wahlspruch findet sich als Aufschrift auf vielen Aktenfaszikeln seiner Kanzlei, und man grub ihn hernachmals auch in das Zinn des Sarges, in dem sein Leib frühzeitig zur Ruhe bestattet wurde. Er selbst erlebte wohl den Umschwung im Kriege, nicht aber bessere Zeiten im eigenen Lande. Fast fünfzig Jahre alt starb er auf einer Reise, die er in schwedischen

Angelegenheiten unternommen hatte, kurz vor seinem Freunde Gustav Adolf und hinterließ einen Knaben als Erben.

Im Jahre 1634 richteten die Schweden in Sulzbach auf wenige Monate wieder den evangelischen Gottesdienst ein. Befreiung aus ihrem Elende brachte den Protestanten der sulzbachischen Lande erst das Jahr 1648: Da im Jahre 1624 die Unterthanen Augusts unstreitig samt und sonders protestantisch gewesen waren, so mußte in diesem Gebiete auf Grund des westphälischen Friedens die evangelische Kirche im vollen Umfange wiederhergestellt werden.

Diese Bestimmung hätte auch auf Hilpoltstein, Heideck und Allersberg Bezug gehabt. Aber das Ländchen Johann Friedrichs war nach dessen Tode an Neuburg zurückgefallen und entbehrte dadurch von vorneherein jeglicher Vertretung seines guten Rechtes.

Mit dem gesamten Fürstentum Neuburg blieb es endgültig im Schoße der römischen Kirche. —

Wie es den vertriebenen Jesuiten gelang, schon in den nächsten Jahren durch die Hinterthüre des Simultaneums in das sulzbachische Gebiet zurückzukehren und bald nachher sogar den Sohn Augusts, den Enkel Philipp Ludwigs, zum Uebertritt zu bringen, das kann hier nicht weiter dargelegt werden.

Ein gerade in unserer Zeit auf anderem Gebiete oft citierter und gedankenlos nachgesprochener Satz lautet: Ideeen, geistige Bewegungen können nicht unterdrückt werden.

Die Jesuiten wissen das besser. Ideeen können gar wohl unterdrückt werden, sogar geistige Bewegungen der edelsten und tiefsten Art sind je und je besiegbar gewesen:

Wo einst der protestantische Musterstaat Philipp Ludwigs gestanden war, da ragen heute die festesten Bollwerke der römisch-katholischen Kirche.

Anmerkungen.

1 (S. 2). Riezler, Geschichte Baierns. 3. Band. S. 570 ff.
2 (S. 3). Vgl. Finweg, Geschichte des Herzogthums Neuburg. Neuburg a. D. 1871.
3 (S. 3). Menzel, Karl, Wolfgang von Zweibrücken. München 1893, S. 141 ff.
4 (S. 4). Menzel a. a. O. S. 207.
5 (S. 5). Menzel a. a. O. S. 6.
6 (S. 5). Menzel a. a. O. S. 9 ff.
7 (S. 6). Zuerst durch von Bezold, dann durch Karl Menzel.
8 (S. 6). Am 9. Juni 1569.
9 (S. 7). Wilhelm Becker, Immanuel Tremellius. Ein Proselytenleben im Zeitalter der Reformation. Breslau 1887, S. 32 f. Tremellius wurde im Jahre 1554 vom Pfalzgrafen Wolfgang zum Erzieher seiner drei ältesten Kinder berufen. „Es kam hauptsächlich auf die Unterweisung von Philipp Ludwig an, einem reichbegabten Knaben, von dem man die größten Erwartungen hegte. Er kannte damals zwar schon die Buchstaben, vermochte aber kaum deutsch zu lesen. Nach Verlauf von drei Jahren, am 15. Dezember 1557, schreibt Tremellius dem Konrad Hubert in Straßburg, daß er jetzt deutsch und lateinisch fließend, griechisch aber erträglich lesen könne; außerdem habe er den deutschen Katechismus auswendig gelernt."
10 (S. 7). D. Jacob Heilbrunner, Zwo christliche Leichpredigten Philipp Ludwigs. 1614.
11 (S. 7). Menzel a. a. O. S. 277 ff.
12 (S. 8). s. Heilbrunner a. a. O., dem überhaupt eine Reihe von Einzelzügen des folgenden Charakterbildes entnommen ist.
13 (S. 6). Br. u. A.
14 (S. 8). Ritter, Geschichte der Union, I, S. 211.
15 (S. 9). Kreisarchiv Amberg. Manuskriptensammlung Nr. 7. Dies saecularis Neuburgici ducatus. (Heilbrunner).
16 (S. 11). Häusser, Ludwig, Geschichte der rheinischen Pfalz. Heidelberg 1845. II, S. 249.
17 (S. 12). Kirchenordnung für Zweibrücken und Neuburg vom Jahre 1570.
18 (S. 13). Vgl. Menzel a. a. O. S. 149 ff. — A. L. Richter, die Kirchenordnungen des sechzehnten Jahrhunderts. II, 194—197.

19 (S. 14). Vgl. Brod, die evangelisch-lutherische Kirche der ehemaligen Pfalzgraffschaft Neuburg. S. 92 ff Kirchenordnung fol. 63 ff.
20 (S. 16). Menzel a. a. O. S. 153 f.
21 (S. 17). Brod a. a. O. — Heilbrunner, Leichenreden. — Mayer, Bernhard, Geschichte der Stadt Lauingen. Dillingen 1866. S. 172 ff. Ueber Philipp Ludwigs Sorgfalt für die Bibliothek s. Stieve, die Pol. Bayerns, II. S. 606.
22 (S. 18). s. Wittmann, Reform. Geschichte der Oberpfalz.
23 (S. 19). Vgl. Specht, Geschichte des Unterrichtswesens in Deutschland von den ältesten Zeiten bis zur Mitte des 19. Jahrhunderts. Stuttgart 1885. S. 161 und 166.
24 (S. 19). Stieve, das kirchliche Polizeiregiment in Bayern unter Maximilian I. München 1876.
25 (S. 20). Häusser-Oncken, Geschichte des Zeitalters der Reformation 1517—1648. Berlin 1879. S. 288.
26 (S. 20). Drews, Paul, Petrus Canisius, der erste deutsche Jesuit. Schriften des Vereins für Reformationsgeschichte. Halle 1892. S. 26.
27 (S. 21). Ritter, Gründung der Union. S. 3.
28 (S. 22). Vgl. Freybergs Sammlung historischer Schriften IV. 96.
29 (S. 22). Briefe und Akten I. S. 451. Philipp Ludwig war offenbar ein Freund von Religionsgesprächen überhaupt. S. ebenda S. 447.
30 (S. 22). Stieve, Politik Bayerns, II, 594 ff.
31 (S. 23). Janssen, Geschichte des deutschen Volkes, V. S. 207.
32 (S. 25). Ritter, Geschichte der Union, I, S. 57.
33 (S. 25). Baader, Ein pfalz-bayerischer Prinz.
34 (S. 29). Wolf, Peter Philipp, Geschichte Maximilians und seiner Zeit. III, S. 489.
35 (S. 29). In der alten Pinakothek zu München.
36 (S. 29). Wolf a. a. O. S. 523 u. 526 f.
37 (S. 30). Wolf a. a. O. S. 508, Anm.
38 (S. 30). Neuburg. Collectaneen-Blatt, 1846. S. 22 ff.
39 (S. 31). Stieve, Politik Bayerns, I. S. 133.
40 (S. 31). Stieve, Politik Bayerns, II. S. 55.
41 (S. 31). Vgl. Stieve, Polizeiregiment.
42 (S. 31). Wolf a. a. O. S. 497 ff.
43 (S. 31). Schon im Oktober 1609 war in diplomatischen Kreisen das Gerücht von spanischen Einflüssen verbreitet worden: „duca di Neoburgo primogenito sia per farsi catholico Romano, et che Baviera gia gli habbia offerto una figliuola". Briefe und Akten II, 462. Vgl. auch S. 506. Ueber den englischen und andere Heiratspläne s. Br. u. A. III, S. 201, bezw. S. 450 f.
44 (S. 33). Vgl. über seine der väterlichen schon früher entgegengesetzte Politik Briefe und Akten I. S. 454.
45 (S. 37). Wolf a. a. O. S. 559 Anm.

46 (S. 37). Froschmaier, G., Quellenbeiträge zur Geschichte des Pfalzgrafen Wolfgang Wilhelm von Neuburg. Neuburg a. D. 1894. S. XIII ff.
47 (S. 40). K. Kreisarchiv Amberg, Rep. 65. I. Nr. 112, fasz. 7.
48 (S. 41). Kr.-A. Amberg, Eigenhändiges Konzept Philipp Ludwigs, Rep. 65. I. Nr. 112, fasz. 7.
49 (S. 41). Sperl, August, Geschichte d. Gegenreformation in den pfalzsulzbachischen u. bilpoltsteinischen Landen. 1. Teil. S. 14.
50 (S. 42). Froschmaier a. a. O. S. XV.
51 (S. 42). Kr.-A. Amberg, Rep. 63. I. Nr. 104, fasz. 7.
52 (S. 43). Kr.-A. Amberg, Rep. 65. I. Nr. 104, fasz. 7.
53 (S. 44). Als sich Philipp Ludwig im Jahre 1605 aus konfessionellen Bedenken vor einem Anschluß an Kurpfalz scheute, ließ Wolfgang Wilhelm an Brederode „im Vertrauen" die Erklärung abgeben: er hasse die Geistlichen, welche den Zwiespalt im Reich verursachen. In Neuburg habe man jüngst einen Superintendenten aus dem Rath entfernt, dem derselbe regelmäßig selbst in Staatssachen beigewohnt habe." Briefe u. Akten I. S. 454. Schon damals scheint also Wolfgang Wilhelm in Opposition zu der evangelischen Geistlichkeit Neuburgs gestanden zu sein.
54 (S. 44). Quellen für die Geschichte der letzten Stunden Philipp Ludwigs sind Heilbrunners oft erwähnte Leichenrede und der von Froschmaier a. a. O. XVI. veröffentlichte, vom kurf. Landschreiber Niclas Zaubzer zu Weiden an die kurf. Regierung in Amberg unterm 24. August 1614 (st. v.) erstattete Bericht.
55 (S. 46). Froschmaier a. a. O. XVII.
56 (S. 46). Froschmaier a. a. O. XVIII.
57 (S. 49). Braun's (handschriftl.) Chronik von Sulzbach im Besitze des k. prot. Dekanats daselbst, fol. 136.
58 (S. 50). Strubens ausführlicher Bericht von den Pfälzischen Kirchenhistorien. S. 545.
59 (S. 50). Brod a. a. O. S. 131.
60 (S. 51). Allg. deutsche Biographie.
61 (S. 51). Brod a. a. O. S. 134 ff.
62 (S. 52). Sperl a. a. O. S. 35 f.
63 (S. 53). K. Kr.-A. Amberg, Rep. 65. I, fasz. 1.
64 (S. 54). K. Kr.-A. Amberg, Rep. 65. I, fasz. 9, Nr. 144.
65 (S. 55). Allg. deutsche Biographie, Band 26. S. 28.
66 (S. 55). Brod a. a. O. S. 146.
67 (S. 56). Brod a. a. O. S. 152 f.
68 (S. 56). Brod a. a. O. S. 157 ff.
69 (S. 56). Kr.-A. Amberg, Zugang 8, fasz. 16. Nr. 595, Mskr.
70 (S. 57). S. Räß, Dr. Andreas, die Convertiten seit der Reformation.
71 (S. 57). S. Brod a. a. O. S. 159 ff.
72 (S. 60). Mayer, Bernhard, Geschichte der Stadt Lauingen. S. 164.
73 (S. 60). Mayer, Geschichte der Stadt Lauingen. S. 166.

74 (S. 60). Cordara, Julius, Hist. Soc. Jes. VI, 236.
75 (S. 61). Hubmann, Dr. G., Chronik der Stadt Schwandorf. Amberg 1865. S. 83.
76 (S. 61). Hubmann a. a. O. S. 84 Anm.
77 (S. 62). Cordara a. a. O. fol. 236. Hubmann übersetzt in seiner Chronik von Schwandorf diese Stelle ungenau und tendenziös jesuiten=feindlich.
78 (S. 63). Kropf, Franciscus Xaverius, Historia Provinciae Societatis Jesu Germaniae Superioris, Pars quarta. fol. 132.
79 (S. 63). ebenda.
80 (S. 63). Hubmann a. a. O. S. 86 f.
81 (S. 64). Hubmann a. a. O. S. 87 f.
82 (S. 65). Hubmann a. a. O. S. 88, Anm. 1.
83 (S. 66). K. Kr.=Arch. Amberg. Zugang 8. fasz. 16. Nr. 597.
84 (S. 67). S. Stieve, der oberösterreichische Bauernaufstand des Jahres 1626. München 1891.
85 (S. 67). Ginbely, Anton, Geschichte des dreißigjährigen Krieges. Abt. II. S. 94 ff.
86 (S. 68). S. für das Folgende Sperl, Geschichte der Gegenreformation ꝛc. S. 21 ff.
87 (S. 70). Döberl, M. Die Markgrafschaft und die Markgrafen auf dem bayerischen Nordgau. S. 55: „Die wirtschaftliche, soziale und rechtliche Gebundenheit des oberpfälzischen Bauern hat neben den zahlreichen offiziellen Religionsänderungen der Reformations= und Gegenreformationszeit viel dazu beigetragen, daß der Oberpfälzer bis auf den heutigen Tag mißtrauisch und verschlossen ist."
88 (S. 74). Braun's Chronik a. a. O. fol. 157 ff.

Literaturangabe.

Briefe und Akten zur Geschichte des dreißigjährigen Krieges:
I. Moriz Ritter, Die Gründung der Union. 1598—1608.
II. M. Ritter, Die Union und Heinrich IV. 1607—1609.
III. M. Ritter, Der Jülicher Erbfolgekrieg.
IV. u. V. Stieve, Die Politik Bayerns. 1591—1607.

Stieve, Wittelsbacher Briefe.
Riezler, Geschichte Baierns. 3. Band.
Menzel, Karl, Wolfgang von Zweibrücken, Pfalzgraf bei Rhein, Herzog in Bayern, Graf von Velbenz, der Stammvater des baierischen Königshauses. München 1893.
Finweg, Geschichte des Herzogthums Neuburg. Neuburg a. D. 1871.
Häusser, Ludwig, Geschichte der rheinischen Pfalz. 2 Bände. Heidelberg 1845.
Becker, Wilhelm, Immanuel Tremellius. Ein Proselytenleben im Zeitalter der Reformation. Breslau, 1887.
Ritter, Moriz, Geschichte der Union. I. u. II. Schaffhausen 1867. 1873.
Kirchenordnung für Zweibrücken und Neuburg vom Jahre 1570.
Richter, Ludwig Aemilius, Die evangelischen Kirchenordnungen des sechzehnten Jahrhunderts. Weimar 1847.
Brod, G. W. H., Die evangelisch-lutherische Kirche der ehemaligen Pfalzgrafschaft Neuburg. Ein geschichtlicher Versuch. Nördlingen 1847.
Mayer, Bernhard, Geschichte der Stadt Lauingen. Dillingen 1866.
Stieve, Das kirchliche Polizeiregiment in Bayern unter Maximilian I. München 1876.
Specht, Geschichte des Unterrichtswesens in Deutschland von den ältesten Zeiten bis zur Mitte des dreizehnten Jahrhunderts. Stuttgart 1885.
Onken, Wilhelm, Ludwig Häussers Geschichte des Zeitalters der Reformation 1517—1648. Berlin 1879.
Drews, Paul, Petrus Canisius, der erste deutsche Jesuit. Schriften des Vereins für Reformationsgeschichte. Nr. 38. Halle 1892.
Freybergs Sammlung historischer Schriften. Band IV.
Janssen, Geschichte des deutschen Volkes. Band V.
Wolf, Peter Philipp, Geschichte Maximilians I. und seiner Zeit. B. III. München 1809.

Collectaneen-Blatt für die Geschichte Bayerns, insbesondere für die Geschichte der Stadt Neuburg a. d. D. Jahrg. 12 u. 13.

Sperl, August, Dr., Geschichte der Gegenreformation in den pfalz-sulzbachischen und hilpoltsteinischen Landen. Erster Teil. Separatabdruck aus den Blättern für bayerische Kirchengeschichte. Rothenburg o. T. Druck b. J. P. Peter'schen Buchdruckerei. 1890.

Chronicum Nordgaviense darinn insonderheit der Fürstlich-pfalzgräflichen Residenz-Stadt Sulzbach eta. etc. Beschreibung ... durch Johann Braun, Pastorn und Superintendenten zu Bayreuth ... Anno 1648. Manuskript im Besitze des k. protest. Dekanates zu Sulzbach i. O.

Struvens ausführlicher Bericht von der Pfälzischen Kirchenhistorie. Frankfurt 1721.

Allgemeine deutsche Biographie.

Räß, Andreas, Dr., Die Convertiten seit der Reformation nach ihrem Leben und aus ihren Schriften dargestellt.

Cordara, Julius, Historia Societatis Jesu. Pars VI. Romae anno Jubilaei MDCCL.

Historia Provinciae Societatis Jesu Germaniae Superioris, Pars quarta. Authore Francisco Xaverio Kropf, Societatis ejusdem Sacerdote. Superiorum permissu. Monachii, MDCCXLVI.

Stieve, Felix, Der oberösterreichische Bauernaufstand des Jahres 1626. München 1891.

Gindely, Anton, Geschichte des dreißigjährigen Krieges.

von Bezold, Fr., Briefe des Pfalzgrafen Johann Casimir. München 1882.

Baader, Joseph. Ein pfalz-bayerischer Prinz und sein Hofmeister. Ein kulturgeschichtliches Bild aus dem Ende des XVI. Jahrhunderts, nach archivalischen Quellen entworfen. Neuburg, 1864.

Gack, Dr., Geschichte des Herzogthums Sulzbach. Leipzig 1847.